历史上的纷争及当代价值

——孔子研究

汪秀丽 著

陕西新华出版 三秦出版社

西安

图书在版编目（CIP）数据

历史上的纷争及当代价值：孔子研究 / 汪秀丽著
. -- 西安：三秦出版社,2025.4
ISBN 978-7-5518-2571-9

Ⅰ.①历… Ⅱ.①汪… Ⅲ.①孔丘（前551-前479）
—人物研究 Ⅳ.①B222.25

中国版本图书馆 CIP 数据核字 (2022) 第 036241 号

历史上的纷争及当代价值
── 孔子研究

汪秀丽　著

出版发行	陕西新华出版传媒集团　三秦出版社
社　　址	西安市雁塔区曲江新区登高路 1388 号
电　　话	（029）81205236
邮政编码	710061
印　　刷	三河市龙大印装有限公司
开　　本	787mm×1092mm　　1/16
印　　张	14
字　　数	168 千字
版　　次	2025 年 4 月第 1 版
印　　次	2025 年 4 月第 1 次印刷
印　　数	1—2000
标准书号	ISBN 978-7-5518-2571-9
定　　价	75.00 元

网　　址	http://www.sqcbs.cn

谨以此书献给我的父亲汪双节先生、母亲郎美莲女士以及千千万万像我的父母、祖父、祖母、外祖父、外祖母一样质朴而勤劳的父老乡亲们，谢谢你们用辛勤的劳动和正直的品格教会我做人的尊严和担当！

我们这个民族有数千年的历史，有它的特点，有它的许多珍贵品。对于这些，我们还是小学生。今天的中国是历史的中国的一个发展；我们是马克思主义的历史主义者，我们不应当割断历史。从孔夫子到孙中山，我们应当给以总结，承继这一份珍贵遗产。这对于指导当前的伟大的运动，是有重要的帮助的。

——毛泽东

中国共产党人是马克思主义者，坚持马克思主义的科学学说，坚持和发展中国特色社会主义，但中国共产党人不是历史虚无主义者，也不是文化虚无主义者。我们从来认为，马克思主义基本原理必须同中国具体实际紧密结合起来，应该科学对待民族传统文化，科学对待世界各国文化，用人类创造的一切优秀思想文化成果武装自己。在带领中国人民进行革命、建设、改革的长期历史实践中，中国共产党人始终是中国优秀传统文化的忠实继承者和弘扬者，从孔夫子到孙中山，我们都注意汲取其中积极的养分。中国人民正在为实现"两个一百年"奋斗目标而努力，其中全面建成小康社会中的"小康"这个概念，就出自《礼记·礼运》，是中华民族自古以来追求的理想社会状态。

——习近平

要坚持古为今用、以古鉴今，坚持有鉴别的对待、有扬弃的继承，而不能搞厚古薄今、以古非今，努力实现传统文化的创造性转化、创新性发展，使之与现实文化相融相通，共同服务以文化人的时代任务。

——习近平

前　言

法国当代思想家德里达在《马克思的幽灵》一书中写到："我们全都生活在同一个世界上，有些人享有的是同一种文化，这文化在一种不可估量的深度上仍然保留着这一遗产的标记，不论是以直接可见的方式还是以不可见的方式。"这里他指的是马克思及马克思主义，为此，"不去阅读且反复阅读和讨论马克思——可以说也包括其他一些人——而且是超越学者式的'阅读'和'讨论'，将永远都是一个错误，而且越来越成为一个错误，一个理论的、哲学的和政治的责任方面的错误"，他进一步呼吁："地球上所有的人，所有的男人和女人，不管他们愿意与否，知道与否，他们今天在某种程度上说都是马克思和马克思主义的继承人"。伟大的思想光耀千秋，照亮后行人的道路。德里达的这段评论既适用于马克思和马克思主义，同样适用于孔子和孔子思想，适用于孔子留给我们的遗产。可以说，只要我们人类还没有实现孔子所矢志追求的大同社会，只要这个世界上"怪力乱神"依然大行其道，只要这个世界上仍然笼罩在战争的阴影之下，孔子的幽灵们就与我们同在，与这个世界同在。

从公元前 551 年降生于中华大地到公元前 479 年泪别人间。孔子 73 年短短的一生，却已经深刻嵌入中国甚至世界人民精神生活和历史发展进程之中，虽然程度有差异，时间有先后，但其影响都是不可低估的、是愈久愈深的。尤其在中国以及深受儒家思想影响的东亚国家和地区，孔子及其思想已经沉淀为一种刻骨铭心的文化基因，牢牢地嵌入到中华子民以及一切倾慕中华文化的人民的精神心田之中，无论他们认识到与否、承认与否，都成为无可置疑的事实性存在。作为孔子遗产的直系继承人，正如毛泽东同志所言："我们这个民族有数千年的历史，有它的特点，有它的许多珍贵品。对于这些，我们还是小学生。今天的中国是历史的中国的一个发展；我们是马克思主义的历史主义者，我们不应当割断历史。从孔夫子到孙中山，我们应当给以总结，承继这一份珍贵遗产。这对于指导当前的伟大的运动，是有重要的帮助的。"继往才能开来，为往圣继绝学，才能为万世开太平。我们一定要依照习近平同志的指示："坚持古为今用、以古鉴今，坚持有鉴别的对待、有扬弃的继承，而不能搞厚古薄今、以古非今，努力实现传统文化的创造性转化、创新性发展，使之与现代文化相融相通，共同服务以文化人的时代任务。"我们必须在新的历史方位中，重新正视孔子，发掘和弘扬孔子思想中的精髓，弘扬孔子精神的精华，同时摒弃其不合时宜的局限成分，让它更好地为丰富和完善当今世界文化而贡献力量，这是我们的幸运，也是我们的责任。

但是当我们打开汗牛充栋的历史书籍，由于时间的久远、记载工具的不完美以及历史的因缘际会等等原因，呈现在我们面前的孔子及其思想非常模糊混乱，孔子及其思想的真面目晦暗不明，它俨然已经被分化为无数的幽灵，或被高踞于至圣王侯教宗之显位，或被污为好色贪财迷官之贱徒，甚至集结为孔家店、孔教会，抛售起道德合格券、统治正当券和华夷认证券，如果孔子地下有知，会不会像马克思一样，引用海涅的话，喟然而叹：我播下的是龙种，收获的却是跳蚤。实际上，呈现在我们后人面前的孔子及其思想，并没有本真的原态，而是透过无数的记录者、解读者、实践者甚至篡改者所加工的产品，这里龙种和跳蚤并存，这就是我们所接受到的遗产，这是一个有待澄清、整理和重新发掘的宝库。

自从西汉学者将孔子及其思想与谶纬之学结合，加以高度政治化之后，孔子及其思想厄运开启，被精神阉割之后献上祭坛，尊孔还是贬孔的思想问题巧妙地与尊王还是贬王的政治问题实现同构。这种奇特的结合一直延续到近代，直到新文化运动，有识之士才提出"打倒孔家店，救出孔夫子"的口号，试图正本清源，还孔子一个本来面目，但是应者寥寥，社会上对孔子的认知和好恶，依然附从于对将其捆绑的王权制度的认知和好恶之下，所以同一个孔子，在尊孔者和贬孔者那里，可能天壤之别、大相径庭。顾颉刚指出："各时代有各时代的孔子，即在一个时代中也有种种不同的孔子呢（例如战国时的孟子和荀子所说的，宋代的朱熹和陆九渊所说的）。各时代的人，他们心中怎样想，便怎样说，孔子的人格也就跟着他们变个不歇。""春秋时的孔子是君子，战国时的孔子是圣人，西汉时的孔子是教主，东汉后的孔子又成了圣人，到现在又快要成君子了。"当代市场经济大潮之下，自然不会放过对孔子的粉墨装扮，甚至堂而皇之地赐孔子以"丧家狗"之"高誉"。无论如何，今天，在经历了对孔子千年来的顶礼膜拜和百年来的无情批判之后，作为七零后的我们，终于迎来了孔子及其思想与政治和神学脱钩的时代，我们终于可以冲破种种政治的标签和现实的阻力，可以客观地用第三只眼看孔子及其思想，这就是本书所想要做的工作。它无论褒贬，皆要做到：褒的有依据、贬的有道理，它致力于穿透政治、经济、文化和商业的雾霾及操作，通过透彻的认知和真心的评价，来汇报它所看到的真相，坦诚它所看到的价值。或许不够全面，或许所见浅薄，接受公评众论，接受批评指正。

本书主要从三方面看孔子：

其一，直面孔子其人。无论是被抬上神坛，还是被掘墓砸碑，孔子总被裹挟入各种艺术化、政治化的漩涡之中，无论被镀上金身，还是被涂满污泥，就孔子而言，都是破坏，都是伤害。让孔子回归孔子，让我们看清孔子，本书挑战围绕孔子的重重争议，力图还原一个自以为真实的孔子。直面真孔子，发现真孔子，这是我们首要的工作，也是我们期待的目标。本书不敢妄语"唯我为孔"，但言"此亦是孔"。

其二，直面孔子思想。陈独秀认为："历代民贼每每轻视儒者，例如，汉朝的高祖和宣帝，然而仍旧要尊奉孔子，正是因为孔子尊君的礼教是有利于他们的东西，孔子之所以称为万世师表，其原因亦正在此。"陈先生此言但见其一，不见其二，确实，两千年来不同的人出于不同的动机把各式各样自己想要的思想强加于孔子，让孔子为他们背书，但是这些真的是孔子的思想吗？陈先生只看到统治者对孔子思想的利用，却没有看到老百姓对孔子思想的认同，如果没有芸芸大众对孔子思想的认同，统治者即使利用孔子思想，又能有什么效果呢？孔子思想之被利用的和受尊崇的部分，是不是应该区别对待？孔子是儒家的祖师爷，这并不意味着所有挂在儒家旗号下的千奇百怪的思想都等于孔子思想。老师当然对学生有影响，但是老师也没有义务对数以万计的学生的思想负责任，所以我们要责权分明，把孔子思想和儒家诸子思想做必要的分离，正如我们不能因为看见黄河中下游河水浑浊甚至断流而断言黄河源头一定浑浊，而将末流的问题完全归罪于源头。实际上，黄河源头是清澈见底的。

其三，分析孔子及其思想对现当代中西方的重要影响和价值。此为大课题，需专著探究。本书仅仅着眼于三点进行探讨：一是孔夫子与新文化运动错综复杂的关系。二是孔子思想乘桴浮于海，对当代西方启蒙思想的深刻影响。三是孔子思想对于我国当前进行的政治、经济、道德以及社会建设的借鉴意义以及我国对孔子思想的创造性发展。此部分重点在于从现实主义的角度，揭示孔子对 21 世纪的中国以及 21 世纪的世界的价值性存在，以创造性发掘和弘扬以孔子思想为重要内容的中国智慧，为应对和解决当今人类所面临的问题贡献智慧和力量。

18 世纪，当西方现代化高歌凯进的时候，德国哲学家、数学家莱布尼兹清醒地指出："就思辨的科学而言，欧洲较为优越；可是在实践哲学方面，换言之，即在生活与人类实际方面的伦理与政治，我们实不足与中国相比拟（这是一种忍耐的屈辱）。因为中国民族在可能范围内，相互团结以实现公共的安全与人类的秩序。这与他国的法律相比较，其优劣当不可同日而语。对于人类的害恶，由人类自身所发生的，返还到人类自身。所以人心如狼的谚语，在中国永不适合。我们的愚昧，使我们沉沦于不幸之中，同时我们自身，又创造了苦难。如果理性是一副清凉的解毒剂，那么中国民族便是首先获得此药剂的民族。"莱布尼兹的弟子沃尔夫进而指出，"如果经过深刻的研究，便会觉得一切道德政治，都不能与中国人的原则相比拟。在孔子的著述中，固然有方法论上的缺点，同时也缺乏欧洲人那样的雄辩。可是我们如果能够了解他们的原则，同时辨别他们的目的，即地上的政府与天上的政府相似，建立于坚固不动的原则之上，那么，便可以发现他们的见解是最深刻的，他们的思想是最崇高的。"两次惨绝人寰的世界大战为莱布尼兹的论断做了注脚。

20 世纪末，当日裔美国人福山洋洋得意地喊出"历史已经终结"的宣告的时候，法国哲学家德里达提醒他关注"马克思的幽灵"的存在，而中国东方学大师季羡林则以其对历史和文化的深刻穿透力，毫不客气地指出："现在主宰世界的是西方文化，这是事实，谁也无法否认。但这只能是一时的现象。西方人轻视东方文化，实出于民族偏见。东方人，特别是中国人，轻视东方文化，则是短见。如果看问题能上下数千年，纵横几万里，则能看到事实的真相。"这个真相是什么呢？季羡林先生指出："我说，自 21 世纪起，东方文化将逐渐取代西方文化，我的意思并不是说完全铲除或者消灭西方文化，那是根本不可能的，也是违反人类社会发展规律的。正确的做法是继承西方文化在几百年内所取得的一切光辉灿烂的业绩，以东方文化的综合思维济西方文化分析思维之穷，把全人类文化提高到发展到一个更高更新的阶段。"时间是最好的检验者，21 世纪的今天什么在被终结，什么在冉冉升起，世界人民都看得见。当代中国"周虽旧邦，其命维新"，要继续激活本民族博厚恢宏的优秀传统文化，充分吸收现代西方文化的一切光辉灿烂的业绩，开创出福佑本民族和全世界人民的新文化，实现大同社会和共产主义的光辉理想。

参考文献：

[1]〔法〕德里达.马克思的幽灵[M].北京：中国人民大学出版社，1999：21.

[2]毛泽东.毛泽东选集第 2 卷[M].北京：人民出版社，1991：533—534.

[3]习近平.习近平谈治国理政[M].北京：外文出版社，2014：106.

[4]顾颉刚.春秋时代的孔子和汉代的孔子，古史辨第二册[M].上海：上海古籍出版社，1982：136.

[5]〔日〕五来欣造.儒教对于德国政治思想的影响[M].北京：商务印书馆，1938：258.

[6]〔日〕五来欣造.儒教对于德国政治思想的影响[M].北京：商务印书馆，1938：330.

目 录
CONTENTS

第一编　此亦为孔子

第二编　孔子亦如是思

第三编　孔子与现当代

附　录

第一编　此亦为孔子

第一章　"野合"即"野居"，孔子不是"庶孽"

2007 年 12 月 17 日，复旦大学著名学者朱维铮教授在广东省档案馆的"名人名家讲堂"上语出惊人："孔子原是私生子"。朱教授的言论引起轩然大波，其实朱教授的观点并不新奇。梁启超在 1920 年撰写的《孔子》一文中指出，"孔子少孤，其母与其父非正式结婚"，他进一步得出结论："孔子出身甚微，不过一羁旅之臣，并非世族，而且是庶孽"认为孔子是庶孽。所谓"庶孽"，即"妃妾所生之子，犹树有孽生，故称"，如《史记·商君列传》载"商君者，卫之诸庶孽公子也"，可见，在梁启超看来，孔子不仅是庶出，而且是非婚生的私生子。显然，梁启超较之朱维铮，有过之而无不及，不仅认为孔子是私生子，且还是没有名分的妾生的私生子。那么，两位先生持论依据何在？朱教授的回答是："这是司马迁说的。并不是对孔子的侮辱，只是根据可以获知的史料讲了一个事实。"诚然，两位先生持论所依据的史料皆为司马迁所著《史记·孔子世家》中的以下一段论述：

孔子生鲁昌平乡陬邑。其先宋人也，曰孔防叔。防叔生伯夏，伯夏生叔梁纥。纥与颜氏女野合而生孔子，祷于尼丘得孔子。鲁襄公二十二年而孔子生。生而首上圩顶，故因名曰"丘"云，字仲尼，姓孔氏。

丘生而叔梁纥死，葬于防山。防山在鲁东，由是孔子疑其父墓处，母讳之也，孔子为儿嬉戏，常陈俎豆，设礼容。孔子母死，乃殡五父之衢，盖其慎也。郰人挽父之母，诲孔子父墓，然后往合葬于防焉。

这段史料反映出两个重要信息：其一，孔子是叔梁纥和颜氏女野合而生；其二，孔子不知父墓处，原因是母讳之。那么，何谓"野合"？孔子母亲为何讳而不告孔子父墓所在？关于"野合"，显然梁启超和朱维铮理解为"非正式婚姻状态下发生性关系"，因此生下来的孩子就是俗称的私生子，孔子是父母野合而生，所以孔子是私生子。关于孔子母亲为何讳告孔子父墓处，郑玄在对《礼记·檀弓》的注释中写到"孔子之父郰叔梁纥与颜氏之女徵在野合而生孔子，徵在耻焉不告"。如果说司马迁是指出孔子是父母野合而生的第一人，那么郑玄可能是明确指出孔子的出身可耻，进而暗示孔子是私生子的第一人。但是，司马迁说的"野合"是事实吗？郑玄对"野合"的理解正确吗？梁启超和朱维铮认为孔子是庶孽或私生子，证据确凿吗？

一、究竟如何解读此处的"野合"一词

关于这个问题，自古至今，众说纷纭，莫衷一是，大致而言，主要有以下四种解读：

（一）将"野合"解读为"非婚性行为"，用俗语讲，即"偷情"。始作俑者可能就是东汉郑玄，他在注释《礼记·檀弓》关于孔子母亲为什么不告诉孔子他的父亲坟墓所在的时候，直截了当地指出孔子母亲以野合生下孔子为耻，故"耻焉不告"。其后，西晋张华在《博物志·异说》（卷十）中变本加厉，对孔子父母痛加鞭挞："叔梁纥，淫夫也；徵在，失行也，加又野合而生仲尼焉"，其后几乎所有持孔子私生子说的学者都好作是解，好持此论。不同的是，对野合中双方的自愿与否存在分歧，如蔡尚思先生认为："所谓野合，只能是指这位少女在野外被老奴隶主叔梁纥强奸，迫使她怀孕而生下孔子。"

如何看待"非婚性行为"说？平心而论，这种解读面临以下四方面困难：

1. 没有任何资料可以证明在先秦甚至西汉司马迁的时代，"野合"意指"男女非婚性行为"。最早作此解读的是东汉郑玄，郑玄生于公元127 年，而司马迁生于公元前 145 年，二人相差 272 年，是否可以用二百多年后的词语直接解释二百多年前的词语呢？我们知道汉字汉语的意涵并非固定不变，而是不断生成、不断演变的，有的词二百多年没有多少变化，而有的词则变化甚大，甚至走向完全相反。比如"小姐"这个称谓，在中国古代甚至 30 年前基本上都是尊称，但是近些年来，这个称谓却很不受欢迎。所以，用同一个词的今义、后义来解释其古义、前义，很可能词是意非、似是而非，所以要慎用，必须有相当的逻辑依据和事实佐证。那么，"野合"这个词，从司马迁到郑玄的时代，词义有没有变迁呢？据查阅，"野合"这个词在《史记》中只出现一次，即"野合而生孔子"，在《孔子家语·相鲁》和《左传·定公十年》中各出现一次，即"嘉乐不野合"，"野合"在此意为"在郊外合奏"，与男女关系无关。从现有文献资料看，找不到任何足以证明在司马迁以及先秦的时代，用"野合"这个词来表达"男女非婚性行为"的证据。但是，这并不意味着在司马迁以及先秦时代就不存在男女非婚性行为以及生子这种现象，实际上，《诗经》《史记》《周礼》等典籍对此皆有所描述，如《史记》之中，就有"齐襄公故尝私通鲁夫人""庆父与哀姜私通""苏秦与燕文公夫人私通""太后私通吕不韦"等，甚至郑季"与侯妾卫媪通"，生下卫青。如《左传》之中，有"楚子之在蔡也，郹阳封人之女奔之，生大子建"，如《周礼·地官·媒氏》有"中春之月，令会男女，于是时也，奔者不禁"，可见，当时的人们常用"通"和"奔"来描述男女之间这种非礼行为及其现象，而非"野合"这个词。

2. 与史料不合。关于孔子父母的婚姻状况以及生孔子的情形，《孔子家语·本姓解》有比较详细的记述：

防叔生伯夏，伯夏生叔梁纥，曰虽有九女，是无子，其妾生孟皮，孟皮一字伯尼，有足病。于是乃求婚于颜氏。颜氏有三女，其小曰徵在。颜父问三女曰："鄹大夫虽父祖为士，然其先圣王之裔，今其人身长十尺，武力绝伦，吾甚贪之，虽年长性严，不足为疑。三子孰能为之妻？"二女莫对，徵在进曰："从父所制，将何问焉？"父曰："即尔能矣"，遂以妻之。徵在既往庙见，以夫之年大，惧不时有男，而私祷尼丘之山以祈焉，生孔子，故名丘，字仲尼。孔子三岁而叔梁纥卒，葬于防。

这段史料详细描述了孔子父亲求婚、结婚及生子的过程，完全否定了孔子"庶孽"的指控。叔梁纥年长，没有嫡子，庶子有足疾，于是求婚于鲁国大族颜氏，颜氏虽然看不上叔梁纥士族家庭出身，但是欣赏他是圣王之裔，武力绝伦，所以将最小的女儿徵在婚配给他，庙见之后，婚成。因为担心不能生男，到尼丘山祈祷的时候，生下孔子。从这段史料看，孔子父母婚姻完全合礼合法，孔子是叔梁纥唯一的嫡子，毋庸置疑。

但是疑古派借口《孔子家语》中存在部分失实，就公然宣称该书是伪书，进而否定这段史料，这真是株连九族、以偏概全的独断做法，这种求全责备的学术洁癖绝非一种科学客观的态度。实际上，司马迁写作《史记》的时候，就承认自己"网罗天下放失旧闻，略考其行事，综其始终，稽其成败兴坏之纪"，朱熹也指出："家语虽记得不纯，却是当时书""家语只是王肃编古录杂记，其书虽多疵，然非肃所作"，近年来考古新发现也一再证明朱熹观点。总之，《孔子家语》和《史记》皆网罗旧闻，既然《孔子家语·本姓解》和《史记·孔子世家》中关于孔子出身的这两段史料我们都不足以证伪，那么就得尊重其存在之合法性，直到我们有足够的证据推翻它们。何况这两段史料不仅不相互冲突而且可以互补互参，我们可以将它们结合，以整合出完整的史实。

除了《孔子家语》之外，我们也可以依据其他史料，来判断孔子的出身问题。如《史记》《论语》《礼记》记载，孔子17岁的时候，鲁国权臣孟僖子公开赞美孔子为"圣人之后"，并嘱咐自己的两个儿子拜孔子为师。孔子20岁生子，鲁国国君送鲤鱼祝贺，孔子"入太庙，每事问"，孔子安排侄女的婚事等等，孔子所得到的这些待遇和权能，绝非一个鄹大夫的庶孽所能够拥有的，这也从一个侧面证明孔子不是庶孽。

3. 不合逻辑。在勇战成名、功成名就之后，拥有九女一子的叔梁纥最大的愿望当然是生出一个合法继承人，而唯有正式合法的婚姻，才能实现他的愿望，为此他不惜出妻以待，如果他与颜氏女只是"野合"，岂遂其愿？此其一。其二，通过田野考察可知，孔子父母合葬于山东防山之阴，即曲阜梁公林，孔子的哥哥葬于二人旁边，如果二人只是露水姻缘，又如何能够合葬于孔氏在鲁国的祖坟？（孔防叔奔鲁之后孔家以防山为祖坟，孔子以后以孔林为祖坟。）其三，孔子父母身后不断受到帝王的册封，1008年宋真宗追封叔梁纥为"齐国公"、颜徵在为"鲁国夫人"（《曲阜县志》记为"齐国公太夫人"）；1330年元文宗加封叔梁纥为"启圣王"、颜徵在为"启圣王夫人"；1723年清世宗追封叔梁纥为"启圣王"、颜徵在为"启圣王夫人"。如果孔子父母不是正当正式的婚姻关系，历代帝王岂能如此追封？

4. 不合情理。司马迁著《史记》，尊孔之情历历可见，不仅在前言中高歌孔子，而且破格将孔子置于"世家"诸侯之列，其论述孔子文字之多，甚至超过其他诸子百家之和，在按语中，司马迁深情写道："自天子王侯，中国言六艺者折中于夫子，可谓至圣矣。"既然视孔子为至圣，又何苦污他？如果孔子真的是庶孽，那么司马迁纵然不能曲笔，也可不提不论，削则削，不提"野合"二字，又有什么关系？可是司马迁没有这么做，他言之凿凿，难道唯恐天下人不知他的至圣是一位私生子？这显然不合情理。合乎情理的解释是：司马迁认为"野合而生"对塑造孔子的至圣形象是加分的，而不是减分的。诚于是，则"野合"不能做如上理解。

（二）将"野合"解释为"不合礼的婚姻"。以唐代司马贞等人为代表，司马贞在《史记索隐》认为"今此云野合者，盖谓梁纥老而徵在少，非当壮室初笄之礼，故云野合，谓不合礼仪"。他进一步引用《论语》之中"野哉由也""先进于礼乐，野人也"证明，"野"即不合礼。如果司马贞的解释是合理的，他必须首先回答好三个质问：老少配不合礼吗？什么样的老少配才称之为野合？老少配比比皆是，凭什么只有孔子父母的婚姻称为野合？对此，与司马贞同时期的张守节在《史记正义》中有进一步的解释："男八月生齿，八岁毁齿，二八十六阳道通，八八六十四阳道绝。女七月生齿，七岁毁齿，二七十四阴道通，七七四十九阴道绝。婚姻过此者，皆曰野合。"孔子父母结婚之时，孔父年过64岁，故为野合。钱穆在《孔子传略》一书中曾经采信这个解释，"梁纥老而徵在少，时人谓之野合"，但是10年以后，当他撰写《孔子传》的时候，他推翻了这个解释，认为"至谓叔梁老而徵在少，非婚配常礼，故曰野合，则是曲解"，钱穆认为孔子父母婚姻正常，徵在为续妻，孔子当正式为后，野合之事不足信。钱穆的转变不无道理，"不合礼"论实际上面临以下三方面的困难：

1. 无论男子64岁是否阳道绝，都不足以作为64岁以后结婚合不合礼的依据。事实上，婚姻结两姓之好，自古以来的婚姻制度，无论周秦，还是当代，都规定婚姻的最低年龄，从来没有规定婚姻的最高年龄。实际上，古往今来，过 64 岁生子者不乏其人，如齐白石 80 岁尚能生子。如果说 64 岁阳道绝，不再能够生育，那么孔子父亲既然已过 64 岁，何以生出孔子？这岂不自相矛盾？总之，不孝有三，无后为大，历朝历代，没有任何制度规定 64 岁以后结婚不合礼，"不合礼"说查无实据。

2. 在古代社会，老少配真的受到社会歧视，被贬称为"野合"吗？其实不然，依据《周易·大过》，"老夫得其女妻，无不利""老妇得其士夫，无咎无誉"，可见古代人不仅不反对老少配，而且认为很吉利。果真如此，那么对于孔子父母这对老少配，人们不会说他们野合吧，真要说的话，也许叫喜合吧。

3. 没有任何史料可以证明孔子父亲和他母亲结婚的时候年龄已经超过 64 岁。当孔子父亲向颜氏求婚之时，颜父说他"虽年长性严，不足为疑"，切记，这里是年长，不是年老。孔父究竟有多年长？如果说男子过 64 岁则阳道绝，不能生育，那么假如孔父当时年过 64 岁，那么他还来求婚干什么？颜氏又岂敢说什么"不足为疑"，要将女儿许配给他？这不是成心让女儿绝后吗？显然，司马贞、张守节的解释自相矛盾，不攻自破。孔父究竟多大？综合《墨子·节用上》所载"昔者圣王为法曰：丈夫年二十，毋敢不处家；女子年十五，毋敢不事人"和《周礼·地官·媒氏》所载"令男三十而娶，女二十而嫁"以及《国语·越语上》所载"女子十七不嫁，其父母有罪；丈夫二十不娶，其父母有罪"的规定，则孔父求婚之时，颜氏三个女儿都还没有婚配，应该都在 20 岁之下，而徵在年最小。颜氏估计孔父年龄不到 50 岁，假设孔子父亲初婚在 20—30 岁之间，按照两年生一孩的速度计算，等他有九女一子的时候，大约在 40—50 岁之间，正处于生育能力渐衰而未绝之时，也符合颜氏所说的"虽年长性严，不足为疑"。据此，我们可以合理推测孔子父亲向颜氏求婚之时，年龄在 40—50 岁之间比较合宜，比颜氏稍稍年轻，比颜氏女年长很多，还具备一定的生育能力但是不够旺盛。如果说 64 岁以上则不合情理。所以，"不合礼"说，诚如钱穆所言，这种解读确实曲解的成分较多。

（三）近年来兴起一种浪漫主义的新解读，认为孔子父母野合确有其事，但不仅合礼而且浪漫。其依据有二：一者依据官方文件《周礼·地官·媒氏》："媒氏掌万民之判。……令男三十而娶，女二十而嫁。……仲春之月，令会男女，于是时也，奔者不禁。若无故而不用令者，罚之。"二者依据古籍记载以及现在某些偏僻的少数民族地区依然存在的男女自由相会、野合生子的民间风俗，证明野合是一种得到官方和民间允许的传统民俗活动，无须少见多怪。孔子父母奔者不禁，野合生子，有何不好？这种解读貌似合理，但是经得起推敲吗？

1. 孔子父母的情况符合《周礼》的规定吗？《周礼》针对的是男三十而未娶妻，女二十而未婚嫁的大龄剩男剩女，为了帮助他们配对，政府官员媒氏组织他们相会，奔者不禁，并不是说仲春二月，任何男女都可以奔者不禁，因为《礼记·坊记》明确规定："故男女无媒不交，无币不相见，恐男女之无别也。"孔子父亲当时已有一妻一妾，有九女一子，算不上大龄剩男。孔子母亲虽未婚配，但是上面还有二位姐姐待字闺中，谈不上恨嫁急嫁，算不上大龄剩女，二人都没有资格也没有必要参加这种媒氏主持的男女联欢、奔者不禁活动。

2. 纵然二人参加这个民俗活动，仲春二月两人野合有孕，怀胎十月，也当在十一月生子，而孔子生于八月，时间上也不吻合。

3. 孔子父亲叔梁纥，何许人也？作为前朝圣王之裔、本朝征战沙场力能扛鼎之赳赳武夫、当时边城鄹邑的大夫，孔子父亲会参加这种"奔者不禁"的民俗活动吗？

4. 春秋之季，礼崩乐坏，有些诸侯国保持这种野合民俗和场所，"燕之有祖，当齐之有社稷，宋之有桑林，楚之有云梦也，此男女之所属而观也"（《墨子·明鬼》），鲁国乃礼仪之邦，没有这种场所，鲁国人以遵周礼为荣，"周礼尽在鲁也"，别说去参加这些活动，就是去看看，都会遭受非议。《左传·庄公》载："二十三年，公如齐观社，非礼也。"鲁庄公不过到齐国去看了一下，立刻遭到大臣曹刿的批评，还被载入《春秋》，作为非礼的反面教材，受后人谴责。鲁庄公尚且如此，何况其他臣子乎！叔梁纥作为鄹邑大夫，岂敢去玩这种浪漫？

可见，"奔者不禁"说只能是一种浪漫主义的想象，经不起现实主义的碾压。

（四）那么，"野合"究竟是什么意思？究竟有没有这回事？钱穆认为孔子父母根本就没有什么野合的事情，这纯粹是那些尊孔者编造的谎言，"欲神其事，乃诬其父母以非礼"，所以，钱穆认为"野合"之事不足信。但是，随着 2015 年南昌海昏侯墓考古发现，江西海昏侯墓考古领队杨军等人提出了一种新的解释：野合即野居，即住在郊外。

海昏侯刘贺生于公元前 92 年，逝于公元前 59 年，是汉武帝孙子，曾经做过昌邑王、皇帝和海昏侯，司马迁生于公元前 145 年，逝于公元前 87 年，二人属于同一时代人，可以互相参证，真实度最高。杨军在海昏侯墓中发现一块刘贺的青铜衣镜，衣镜背面屏风左上角彩绘孔子画像，左侧是黑色漆书文字，近六百字，附记孔子生平事迹，开篇如下：

孔子生鲁昌平乡（鄹）邑。其先［宋人］也，曰防叔。防叔生伯夏，伯夏生叔梁根（纥），根（纥）与颜氏女野居而生孔子，祷于丘。鲁襄公廿二年孔子生，生而首上圩［顶，故］名丘云。字中（仲）尼，姓孔，子氏。

这段材料除个别字破损不清，与《孔子世家》如出一辙，高度一致。最大的不同在于两处修改，即把"叔梁纥"写成"叔梁根"；把"野合"写成"野居"。众所周知，《史记》一书在司马迁生前并没有发表，据《汉书·司马迁传》，"迁既死后，其书稍出。宣帝时，迁外孙平通侯杨恽祖述其书，遂宣布焉"，刘贺与杨恽同期为官，非常有可能看到《孔子世家》原文，并配画，铭刻于衣镜，以示尊孔，加以自励。但是为什么会做出两处修改呢？

这涉及到中国自周朝以来的一种制度——避讳制度：不得使用与帝王、贵族或者直系长辈名字相同或者发音相同的字，如果不得不写，则必须用一个意思相同的字或词来替代，以示敬畏。如为了避秦始皇嬴政的讳，与"政"同音的"正"要改掉，所以"正月"改成"端月"，正与端同义，正月与端月同义。为了避汉文帝刘恒的讳，"恒山"改为"常山"，"恒"与"常"同义，常山就是恒山。为了避汉高祖刘邦的讳，"邦"改为"国"，"国"与"邦"同义，如《论语·学而》中：子禽问于子贡曰："夫子至于是邦也，必闻其政，求之与？抑与之与？"到司马迁《史记·仲尼弟子列传》中则改成："孔子适是国必闻其政。求之与，抑与之与？"《论语》成书于战国时代，而《史记》则在刘邦为帝之后，因此前者用"邦"，后者改为"国"，以避刘邦讳。刘贺曾经当过27天皇帝，虽然后来被贬为海昏侯，但是从海昏侯墓的陪葬品来看，里面陪葬的很多东西依然按照帝王标准，包括避讳。明白避讳制度，我们就可以很好地理解为什么海昏侯墓中的衣镜铭文两度将孔子父亲叔梁"纥"改成叔梁"根"，把"野合"改成"野居"的秘密了。因为"纥"和"合"都与刘贺的"贺"同音，为了避刘贺的讳，就必须用同义的字和词替代。"纥"意为纱线绳等打成的结、小球形或块状物，与"根"形似，故替代之。至于"野合"和"野居"，在司马迁的时代应该是同义词，故可以替代之。换言之，在司马迁这里，"野合"就是"野居"，孔子父母野合而生孔子，就是说孔子是在父母居住于野外（尼丘山）的时候出生的，而不是像一般人那样在家中出生，如此而已，与什么不合法的性行为、不合礼的婚姻关系毫无关联，否则刘贺也断断不会写入贴身的铜镜，生前以之自勉，死后以之陪葬。海昏侯墓的铜镜不仅用司马迁同时代人的身份解释了"野合即野居"的真正含义，而且证明"野合"这个词在当时并非描述什么不可描述之事，证明孔子父母生孔子，毫无不光彩之处，并非什么不体面的事情。

通过对以上四种解读的分析，可见第四种解读最为客观，最接近于真相，也最为合理。

1. 从语源学和语用学的角度看，"野合"在司马迁这里，可以与"野居"通用，"野合"即"野居"，意为"居于野"。何谓"野"？"野者，郊外也"（《说文解字》），段玉裁注："邑外谓之郊，郊外谓之野"。如《诗经》云"匪兕匪虎，率彼旷野"，《史记》记载鲁哀公十四年春，狩大野，获麟。孔子生于尼丘山，尼丘山就是野外。何谓"合"？"合，合口也"（《说文解字》），引申为"聚也""会也"，如《论语》中有"桓公九合诸侯，不以兵车"，"始有曰：苟合矣"，《左传》中有"牺象不出门，嘉乐不野合"等等，皆有聚集之意。何谓"居"？"居，蹲也"（《说文解字》），引申为"居住"，如"居者，居其所也"（《谷梁传·僖公二十四年》）、"面山而居"（《列子·汤问》）。从语源学上看，"野合"可以与"野居"通义，从刘贺的铜镜看，司马迁时代的人们在语言应用中，存在将"野合"与"野居"通用的习惯。

2. 野居而生孔子，更合乎逻辑、更贴近客观事实。其他三种解释都不能合理解释孔子父母为什么要用如此方式生下孔子，也没有任何证据证明孔子确实是用那种方式生下来的，而且内容与《孔子家语》等史料史实矛盾冲突。但是如果我们用"野居"来解释"野合"，则一切贯通，豁然开朗，既合理又合事实。

先说合理性。孔子父母结婚之时，孔子母亲颜徵在有三担心，其一，担心孔子父亲年纪较大，自己很难怀孕；其二，孔子父亲已生九女，担心自己怀不上男孩；其三，孔子父亲有病足之子，担心自己怀不上健康的男孩。于是，"祷于尼丘得孔子"，虽然怀孕了，可是"徵在以夫之年大，惧不时有男"，愈是临近产期，愈是担心自己是否怀上健康的男孩，于是"私祷尼丘之上以祈焉"，独自登山，可能过于劳累，出现早产征兆，当叔梁纥赶来的时候，二人只能仓促地在山脚的山洞里生下孔子。这可能就是野合而生孔子的过程。何以知道孔子是早产儿？《孔子世家》说孔子"生而首上圩顶"，"圩"本义是"低洼区防水护田的土堤"，司马贞《史记索隐》："圩顶言顶上窳也，故孔子顶如反宇。反宇者，若屋宇之反，中低而四旁高也。"《白虎通·姓名》："孔子首类尼丘山，盖中低而四旁高，如屋宇之反。"简言之，"首上圩顶"就是"头顶凹陷"，头部中央低而四旁高。从现代医学的角度看，这是因为早产，大脑尚未发育完全的结果，如果我们看孔子成年以后的各个不同时期的画像和人们对孔子形象的描述看，都不复存在"首上圩顶"的现象，可见这只是孔子因为早产而暂时呈现的奇特长相。所以，将"野合"解释为"野居"，可以比较合理地解释《孔子世家》和《孔子家语》中所载相关内容，也使得《孔子世家》关于孔子出生的这段史料比较完整、通顺、系统，即以描述孔子出生异相以及孔子得名缘由为中心而展开，如果将"野合"理解为孔子父母之间所发生的特殊婚姻关系，那么就全文而言，有材料堆积、捕风捉影、赘言蘖枝之感。

再说史实。说孔子是野合而生的私生子，找不到任何客观事实依据；说孔子是父母野居而生的孩子，却有世代相传的事实依据。曲阜尼丘山山麓的夫子洞据说就是孔子的出生地。据《阙里志·尼山》载："在尼山之西五里，史载孔子生鲁昌平乡，即此，今名鲁源村。"过鲁源村，绕尼山南麓北行，可见智源溪，沿智源溪北上，可见坤灵洞，即夫子洞，此洞相传为孔子诞生地，洞内横着石床、石枕等，都是自然而成。此洞汉代称为"孔渎"，渎，古同"窦"，洞，穴。孔渎，

与夫子洞同义，被认为孔子诞生地。为了纪念孔子诞生地，历朝历代
在尼山建造了完整的孔庙和尼山书院建筑群，并不断扩建和完善。尼
山也成为历代帝王、皇家官吏和文人墨客朝拜至圣先师和聆听圣人教
诲的圣地，也是后人编造孔子出生神迹的所在。如金代诗人陈国瑞有
诗赞之："云开虎洞清溪绕，雨卧龙碑碧藓封。凤生虎养鹰打扇，留得
圣人指真经。"明代诗人张寅有诗赞之："去移河汉川流在，洞隐坤灵
石榻悬。天使隙间光不灭，肯将长夜悼无传。"清代才子王尔鉴更有长
诗一首，歌颂尼山：

　　　　寰中五岳插天起，神龙半隐青霄里。

　　　　钟灵何地无伟人，毓圣特异尼之址。

　　　　可知名山不在高，地灵往往生英豪。

　　　　一自麟书降祥后，众山罗列皆儿曹。

　　　　亭亭五峰中圩顶，其余四配若引领。

　　　　青葱环绕文德林，俨然三千七十依坛杏。

　　　　尼山之尊亦如岱岳尊，那许太华恒霍嵩高与之并。

　　　　上有中和壑，下有坤灵洞。

　　　　智源溪水浩瀚流，沿流讨源者颇众。

　　　　关闽濂洛支派通，大海朝宗百川共。

　　　　一泓活水千秋澄，谁向智源窥体用。

　　　　观川亭前石罅如刀劈，一线幽深荒藓积。

　　　　安得五丁凿破云雾堆，瞥见天光万重辟。

　　　　西南诸峰拱如屏，五峰上映五老星。

　　　　当年颜母山头祷，神哉木叶随降升。

　　　　天生圣哲事岂偶，一山不世钟坤灵。

　　　　平生是山切仰止，作吏何缘地邻此。

只今小憩幽崖前，犹忆春风浴沂水。

由来山水清音多，仿佛金石丝竹之声悦吾耳。

五峰林密浮苍烟，抠衣未敢凭其巅。

作为良史，司马迁非常注意实地考证，20 岁就到过曲阜，"二十而南游江、淮，上会稽，探禹穴，窥九疑（嶷），浮于沅、湘；北涉汶、泗，讲业齐、鲁之都，观孔子之遗风，乡射邹、峄；厄困鄱、薛、彭城，过梁、楚以归"，当他撰写《孔子世家》的时候，"适鲁，观仲尼庙堂车服礼器，诸生以时习礼其家，余只回留之不能去云"，司马迁很有可能去尼山调查过，所以在写"纥与颜氏女野合而生孔子"等孔子出生情境的时候，笔调非常肯定，没有用"盖"或"或曰"等不确定的词语。如果"野合"事关非礼之举，那么纵使要写，以司马迁的立场和当时社会氛围，通常也会加上"盖""或云"等语意模糊之词吧。

3. 谈谈司马迁的写作动机。司马迁究竟为什么要写"纥与颜氏女野合而生孔子"？如果依照前面三种对"野合"的解释，那么认为司马迁居心不良、恶意丑化的倾向较多，虽然说英雄不问出处，但是来路不正自古以来就是大忌，"以己不正，何以正人""名不正则言不顺，言不顺则事不成"，孔子倡导以德礼治国，如果自己就是非礼的产物，那么形象自然不佳。所以，历来反对孔子的人比较支持前面三种观点，特别是第一种观点，而支持拥护孔子的人则对此十分忌讳，或指斥为谬论，或避而不谈，或强加狡辩。司马迁如果地下有知，一定大喊冤枉，认为自己对孔子的敬爱如滔滔江水，绝无恶意，更无丑化之可能。当然也有人认为司马迁出于善意，只是造神过度，结果适得其反。如钱穆认为司马迁之所以称叔梁纥与颜氏女祷于尼丘，野合而生孔子。"此因古人谓圣人皆感天而生，犹商代先祖契，周代先祖后稷，皆有感天而生之神话。又如汉高祖母刘媪,尝息大泽之陂,梦与神遇,遂产高祖。所云野合,亦犹如此。欲神其事,乃诬其父母以非礼,不足信。"钱穆将孔子父母之野合和古圣先贤母亲之野合做类比推论是比较牵强的,因为无论简狄吞鸟卵而生商契,还是姜嫄践巨人迹而生后稷,还是刘邦之母梦与神通而生刘邦,这些野合而生圣人的神迹故事中,都是其母亲与神秘的事物如鸟、巨人和龙野合,所以,生下来的孩子非同凡响,具有神力。而在孔子这里,野合的主角是他凡俗的父亲和母亲,那么神力从何而来?因此二者不可类比。换言之,即使污孔子父母以非礼,也不能神化孔子以神力,因为野合的双方都是凡夫俗子,无神力可言。所以靠污蔑孔子父母的方式来神化孔子,是徒劳无益的,尊孔的司马迁和刘贺断然不会采纳这种有害无利的说法。

如果将"野合"理解为"野居",则可以圆融司马迁和刘贺的善意动机,对汉代尊崇甚至神化孔子之时代潮流做出理性回应。汉武帝之后,神化孔子之潮流波涛汹涌,造神论不绝于耳。司马迁虽然对孔子有滔滔不绝之敬仰,但是作为富有实事求是精神的"良史",绝不向谶纬神学低头,其文"辩而不华,质而不俚,其文直,其事核,不虚美,不隐恶,故谓之实录",这也体现在对孔子出生的描述上。司马迁对孔子出生情境的描述平实而客观:祷于尼丘、生于尼丘、长似尼丘、名同尼丘。这实际上一方面杜绝了将孔子神化的源头,抽去了造神论的基石;另一方面,又刻画了孔子作为自然之子的质朴天然,生时平凡,死后伟大,"天下君王至于贤人众矣,当时则荣,没则已焉。孔子布衣,传十余世,学者宗之。自天子王侯,中国言六艺者折中于夫子,可谓至圣矣!"

二、孔子为何不知父墓所在，孔母为何讳而不告

《孔子世家》载："丘生而叔梁纥死，葬于防山。防山在鲁东，由是孔子疑其父墓处，母讳之也。孔子为儿嬉戏，常陈俎豆，设礼容。孔子母死，乃殡五父之衢，盖其慎也。郰人挽父之母诲孔子父墓，然后往合葬于防焉。"

《礼记·檀弓上》载：孔子少孤，不知其墓。殡于五父之衢。人之见之者，皆以为葬也。其慎也，盖殡也。问于郰曼父之母，然后得合葬于防。孔子既得合葬于防，曰："吾闻之：古也墓而不坟，今丘也，东西南北之人也，不可以弗识也。"于是封之，崇四尺。孔子先反，门人后。雨甚，至，孔子问焉曰："尔来何迟也？"曰："防墓崩。"孔子不应。三，孔子泫然流涕曰："吾闻之，古不修墓。"

以上两段材料都提到孔子不知父墓所在，问母亲，母亲讳而不告，最后孔子只好通过外人指导才找到父墓所在，将父母合葬，二者言之凿凿，且内容相似，虽有缺字之嫌，但可互补参看，终归言有其事。吊诡的是，孔子为何不知父墓所在，母亲为何讳而不告呢？对此，东汉郑玄认为孔子是私生子，所以不知父墓所在，问母亲，母亲以非婚生子为耻而不愿告诉孔子。郑玄的解答正确吗？其实不然。若郑玄所言为真，那么孔母以与孔父的关系为耻，又如何愿意与孔父合葬？如果孔母不愿意与孔父合葬，那么孔子又为什么要费尽心机找到父亲墓地，不辞艰辛让父母合葬？难道孔子是如此忤逆父母、羞辱父母的不孝之子？如果孔子是如此不孝之人，那么司马迁凭什么美誉孔子"可谓至圣"，岂不自相矛盾？再说，如果孔子母子不是孔氏家族的正式成员，那么即使孔子找到父亲的墓地，孔家会允许和接纳孔母葬入孔家祖坟与孔父合葬，孔子哥哥附葬于旁吗？因为孔家是殷商遗民，殷商的墓地制度是族葬，只有具有血缘关系的同一族人才能合葬在同一祖

坟。曲阜梁公林是孔子父母合葬之处，孔子哥哥也葬在旁边，梁公林的墓地足以证明孔子母亲是孔子父亲的续妻，是孔家正式成员，所以才能葬于孔家祖坟。郑玄的解答貌似有理，实则经不起推敲，实为妄论臆测。那么孔子究竟为什么不知道父亲墓地所在，母亲究竟忌讳什么呢？我们可对史料加以深入分析，做一探究。

孔子为什么不知道父亲墓地所在？钱穆先生认为："孔子父叔梁纥葬于防，其时孔子年幼，纵或携之送葬，宜乎不知葬处。又古人不墓祭，岁时仅在家祭神主，不特赴墓地。又古人坟墓不封、不树，不堆土不种树，无可辨认。孔氏乃士族，家微，更应如此。故孔子当仅知父墓在防，而不知其确切所在。"钱穆先生所言基本符合事实，首先，孔子确实年幼丧父，"孔子少孤"，《孔子世家》载"丘生而叔梁纥死，葬于防山"，《孔子家语》载"孔子三岁而叔梁纥卒，葬于防"，综之，孔子丧父应该在三岁之前，确实年幼无知。其次，孔家确实家微，依《礼记·曲礼下》"天子死曰崩，诸侯死曰薨，大夫死曰卒，士曰不禄，庶人曰死"，《史记》说"叔梁纥死"，《家语》说"叔梁纥卒"，叔梁纥虽然是鄹大夫，却是士族，在鄹邑并无封地，归葬于家族墓地防山，即今天的梁公林。根据《括地志》，孔子的家乡邹邑在兖州泗水县东南30千米，防山在曲阜市东约13千米。今天从地图上看，从孔子家乡鲁源村到梁公林，至少有20多千米，路途遥远，所以送葬的人可能不多，年幼的孔子几乎不可能为父亲送葬，即使去，也几乎不可能记得父亲具体葬在哪个位置。再次，孔子应知墓地在防，但是不知道具体位置，这比较符合实际。《史记》说"孔子疑其父墓处"，"疑，惑也"（《说文解字》），孔子不是不知其父墓地在防，只是不能确定是哪一座墓地，因为孔子父死以后母亲逝世之前没有去过。为什么不去？因为"古礼庙祭"（《论衡·四讳》），所谓庙祭，就是到宗庙或家庙里祭拜祖先的神主牌，"古无墓祭之礼"（《晋书·卷二·礼志中》），墓祭是在先人的墓地祭祀。再说孔家是殷商遗民，按照殷商风俗，墓地不封不树，无法辨识。所以即使去了，没有熟人指导，也找不到。

那么，孔子问母亲，母亲为什么讳而不告呢？"讳，忌也"（《说文解字》），"讳，避也"（《广雅·释诂三》），所谓"讳"，就是明明知道，却因有所顾忌而不讲。孔子母亲究竟顾忌什么？上面已经指出了郑玄的解释之谬，而钱穆对此似乎没有明确的回答。笔者认为这可以用倒推法来探究。

按照殷商旧俗，通常死后不合葬，祭祀不上墓地，那么，孔子为什么要问父亲墓地所在？孔子母亲对孔子提问动机以及提问后果一定有所预判，这可能是促使她讳而不告的原因。这个动机和后果是什么？没有资料告诉我们，但是我们可以从孔子知道父亲墓地所在后的所作所为来推想：当鄹人挽父之母诲孔子父墓之后，孔子将亡母送到防山，与父亲合葬，并封之，"崇四尺"，表示"今丘也，东西南北之人也，不可以弗识也"。据此，我们可以推测出孔子询问墓地的动机和目的：让父母合葬、为父母修墓和实行墓祭。这可能是孔子母亲讳而不告的原因吧。

那么，孔子母亲希望死后与丈夫合葬、墓地得到修葺、有人墓祭吗？这有必要了解孔子母系颜氏家族。林春溥《开卷偶得》说："颜路、颜由、颜辛、颜高、颜祖、颜之仆、颜哙、颜何皆鲁人。"颜之推曰："仲尼母族"。孔子母亲颜徵在，姬姓，是周公旁支后代，属于鲁国望族，应该对周礼比较欣赏和接纳。孔子父亲死后，母亲为了让他能够接受到更先进的文化教育，熏陶到更先进的文化氛围，带他从文化落后的鄹地迁居到当时鲁国文化中心曲阜阙里，孔子的成长，离不开母族的帮助。曲阜作为鲁国的都城，"周礼尽在鲁矣"，曲阜也是周礼的文化中心，孔子自幼好学礼，三代之礼，"吾从周"，尤厚周礼。所以孔子母子当更厚周礼，愿践行之，但是孔子父系家族是殷商遗民，信守殷礼，而殷礼与周礼在丧葬和祭祀仪式上都有很大不同。如夏人殡于东阶，周人殡于西阶，殷人两柱间。殷人墓而不坟，而周人可封可树，"聚土曰封，封之，周礼也"，而且不同身份的人有不同的制度，"高四尺，盖周之士制"。至于葬的方式，孔子说："古者不祔葬，为不忍先死者之复见也。诗云'死则同穴'，自周公以来祔葬矣。故卫人之祔也，离之，有以闻焉；鲁人之祔也，合之，美夫，吾从鲁。"祔葬就是合葬，卫人大都为殷商遗民，保持殷商习俗；鲁人以奉行周礼为荣，孔子认为合葬优于单葬。今天从考古发现上看，殷人基本是单人葬，极少合葬，周人有合葬，到春秋战国的时候，合葬比较流行。殷人不墓祭，但是西周后期，出现墓祭，到东汉的时候，蔚然成风，以致王充指出："古礼庙祭，今俗墓祀。"

孔子作为孝子，"生，事之以礼；死，葬之以礼，祭之以礼"，想要满足母亲合葬的愿望，以后也可以常常去墓地祭祀父母，于是询问母亲他父亲的墓地所在，母亲感念孔子孝心，但是有所顾忌而不告诉他，顾忌什么？笔者认为有三：一者，防山离曲阜路途遥远，舍不得儿辛劳奔波。今天我们用地图搜索孔庙到梁公林，步行也有 13 千米，何况要扶柩归葬，一路风餐露宿，何其艰辛！孔母爱子之心，怜子之意，可能是讳而不告原因之一。二者，孔子是孔母的独子，尚在弱冠之年，家境不甚富裕，财力不充沛，如果合葬，可能会劳民伤财，这可能是孔母顾忌之二。三者，也可能最重要的是孔子作为殷商遗民，要突破殷商旧俗，按照相对先进的周礼来安葬父母，祭祀父母，可能会受到巨大的世俗阻力和家族压力。作为母亲，当然对此甚为顾忌，所以不告诉孔子，让他不能做到合葬和墓祭，从而免受以上种种烦恼和艰辛。孔子体谅母亲的用心，不再追问，当母亲逝世以后，孔子运用自己的智慧，实现了父母合葬的愿望，并崇土四尺，让父母享有士族应有的丧葬待遇，践行了"葬之以礼，祭之以礼"的孝子之行。

三、孔子如何看待出身问题

以上已经证明，孔子既非庶出，又非孽种，乃是父母堂堂正正生下的嫡子。那么，孔子又是如何看待出身问题的呢？《论语·子罕》记载一段对话：

太宰问于子贡曰："夫子圣者与？何其多能也？"子贡曰："固天纵之将圣，又多能也。"子闻之，曰："太宰知我乎？吾少也贱，故多能鄙事。君子多乎哉？不多也。"

有人据此认为孔子自认为出身不体面、地位低贱，为了谋生，曾经做过不少低贱的工作。此种观点显然是望文生义、断章取义。《尚书·洪范》篇孔注："于事无不通谓之圣。"从全文看，这段对话包括太宰赞孔、子贡崇孔和孔子自谦三方面内容。太宰惊叹孔子之博学多能，疑为圣人，子贡趁机将孔子神化圣化，而孔子则谦虚务实以去魅。"贱"在此既是谦辞，也是实词。"贱，卑也"（《广雅》），"无位曰贱"（《皇疏》），孔子祖父三代皆为流落异邦的士族，孔子少孤，无财无势无位，较之于太宰这样的贵族出身，自然是"少也贱"。不过，艰难困苦，玉汝于成。孔子认为正是艰苦的环境激励他发奋学习，成为多能多才多艺之人，"吾不试，故艺"。"鄙"是谦辞，雕虫小技、不登大雅之堂之意。而贵族君子由于条件优渥，就做不到多才多艺。所以在孔子看来，出身平凡不一定低贱，出身高贵不一定尊贵，贵贱不在出身，而在后天的修为。那么，出身平凡的孔子究竟有多能？《韩非子》一段材料可为注脚：

子圉见孔子于商太宰。孔子出，子圉入，请问客。太宰曰："吾已见孔子，则视子犹蚤虱之细者也。吾今见之于君。"子圉恐孔子贵于君也，因谓太宰曰："君已见孔子，孔子亦将视子犹蚤虱也。"太宰因弗复见也。

孔子认为出身平凡并不是坏事，反对以出身论贵贱的血统论，甚至石破天惊地说"雍也可使南面"，雍，即孔子弟子仲弓，据说其父是一个贱人，但是孔子认为仲弓由于具备了高尚的德能，足以担任帝王诸侯，因为"犁牛之子骍且角，虽欲勿用，山川其舍诸?"孔子认为一个好的社会应该是以德治国、以贤能配位的社会，一个人究竟是君子还是小人，不应该由先天的血缘确定，更应该由后天的德能决定，有德能者应居君子位，无德能者应居小人位。所以，毋以出身论贵贱、做取舍。孔子从教从政，皆贯彻有教无类、因材施教、因材荐政的原则。不以出身论贵贱，要以德能做取舍，孔子的这种崭新的政治理念，在东周政坛无异于刮了一阵清新的风，这股风虽然在历史的河流中有所畸变，但是实实在在影响了中国政治和中国面貌上千年之久。

参考文献：

［1］复旦教授称孔子是私生子康有为是自大狂［EB/OL］.http：//news.enorth.com.cn/system/2007/12/19/002513801.shtml.

［2］［3］梁启超.孔子与儒家哲学［M］.北京：中华书局，2016：4，5.

［4］蔡尚思.孔子思想体系［M］.上海：上海人民出版社，1982：13.

［5］（汉）司马迁.史记第三册［M］.长沙：岳麓书社，2012：1814.

［6］（宋）朱熹.朱子语类.第八册［M］.北京：崇文书局，2018：2472.

［7］钱穆.孔子传［M］.北京：读书·生活·新知三联书店，2012：6.

［8］杨军，恩子健，徐长青.海昏侯墓衣镜画传"野居而生孔子"考［J］.江西师范大学学报，2018（1）：104—115.

［9］钱穆.孔子传［M］.北京：读书·生活·新知三联书店，2012：5.

［10］钱穆.孔子传［M］.北京：读书·生活·新知三联书店，2012：7.

［11］线装经典编委会.孔子家语·孔子集语［M］.昆明：晨光出版社，2016：82.

第二章 "束脩"是拜师礼仪，孔子不收学费

孔子说"君子喻于义，小人喻于利"，君子念兹在兹的是仁义道德，而小人心心念念的则是利益得失，但是千百年来很多学者却对孔子自身的利益生计问题极为关切，围绕一个词、一段话聚讼纷纭，几乎成为学术史一大公案，这个词就是"束脩"，这段话来自《论语·述而》：

子曰："自行束脩以上，吾未尝无诲焉。"

此章句让很多学者眼前一亮，惊呼发现了孔子一条重要的生财之道和谋生方式：办私校，收学费。所谓"束脩"，按照朱熹的解释："脩，脯也，十脡为束。古者相见必执赞以为礼，束脩其至薄者。盖人之有生，同其此理，故圣人之于人，无不欲其入于善。但不知来学则无往教之礼，苟以礼来，则无不有以教之也。"钱穆说得更明确："从带着十脡干脯为礼来求见的起，吾从没有不与以教诲的。"辜鸿铭解释的更通俗："在教学的过程中，不管是贫是富，我都一视同仁，即使学生只能送来仅有的很少的拜师礼，我也会像教其他学生一样去教他。"郭沫若《十批判书·孔墨的批判》上讲："他是'有教无类'，当然也并不是毫无条件，只要有'十小条干牛肉'（束脩）送去，他就可以教你了。"杨伯峻《论语字典》中解释："束脩，一捆（十条）肉干，后来用以为给老师的财礼的名称。"财礼也就是学费的讳称，特别是从宋代以后，学生交给私塾先生的学费干脆直接称之为"束脩"。如《儒林

外史》第十四回："东家包我个月，有几两银子束脩。"孔子少孤，本来大家很担心孔子的生计，现在豁然开朗，原来孔子不仅是我国办私学的第一人，而且生财有道，是我国收学费的第一人，明码开价，毫不讳言，绝不像后来的一些教书匠羞羞答答、扭扭捏捏，有祖师爷如此，以后大可不必忐忑。但是，事实果真如此吗？孔子真的是收学费的第一人吗？学术界质疑者甚众，质疑的关键在于如何准确理解"束脩"这个词以及本章句的含意，还有本章节含意与《论语》整体思想的一致性。

一、对三种解释的质疑

"束脩"究竟是什么？这是一个千年之问，概括而言，历来对"束脩"一词的解释大略可以分为以下三种：

（一）"束脩"即"束修"，意思是"束带（发）修饰"，由于古人十五岁开始行束带（发）礼，所以"束脩"代指"十五岁"。郑玄、何晏、李泽厚、傅佩荣等学者主张这种解释。如郑玄《论语注》："束脩，谓年十五以上也。"《论语集释》黄氏后案："自行束修以上，谓年十五以上能行束带饰之礼。"李泽厚在《论语今读》中，将此章句译为"凡十五岁以上，我没有不收教的"，认为与孔子"吾十有五而志于学"相呼应，《汉书·叙传下》也有"束发修学"之语。按照这个观点，那么孔子收学生，唯一的门槛就是年龄，即年满十五岁。如果年龄不到十五岁，天纵圣才也不要，只要到了十五岁，大门敞开，随到随学，马上就可以成为孔门弟子，不需要任何学费（礼金、礼物）。

（二）"束脩"即"约束修饰"，意思是"自我约束，洁身修行"，经学大师包慎言、近代文人康有为等持有此解释。如包慎言《温故录》："自行束脩以上，谓自知谨饬砥砺而学日渐进也。"康有为《论语注》："束，约也；修，治也。束身修行，震无咎者，存乎悔。"依此观点，要成为孔子的弟子，敲门砖不是年龄，不是学费，而是道德觉悟，不打算束身修行的人不得进入孔门。换言之，只要想上进，人人皆可入孔门。

（三）"束脩"即"十条干肉"，此乃孔门拜师见面礼物，不仅朱熹、钱穆、辜鸿铭持此解，张居正、杨伯峻也做此解，如张居正讲评："古人初相见，必执赘以为礼。一束之脩乃其至薄者。自行束脩以上，言随其厚薄之不同也。""苟能求教，自行束脩以上之礼而来者，即是可与为学之人，吾则未尝不教诲之焉"。杨伯峻的译文是："只要是主动地给我一点见面薄礼，我从没有不教诲的。"总之，无论十条干肉是不是薄礼，要成为孔门中人，是断断少不了的。十条干肉，是孔门的门槛金。孔家大门朝南开，十条干肉快进来。

以上三种解释，一者强调年龄的客观因素，一者强调思想观念的主观条件，一者强调物质条件，其中第三种解释长期占主导地位。下面分别加以辨析：

（一）关于第一种解读，面临以下困难：

首先，在孔子的时代，束脩≠束修，脩与修通义，是在汉代隶书才开始。在孔子的时代，脩、修二字并存而不通用，如《论语》有"德之不修，学之不讲，闻义不能徙，不善不能改，是吾忧也。""行人子羽修饰之""修己以安百姓""修文德以来之"，这里的"修"与"脩"不能通用。"束"在《论语》中也出现，如"束带立于朝"，如果"束脩"意指"束带修饰"的行为进而借代实施此行为的年龄，那么，直接写"束修"岂不更准确？何必用"束脩"引来众论纷纭？

其次，十五岁真的是束发修学最佳学习年龄吗？根据《礼记·内则》："十年，出就外傅，居宿于外，学书计，衣不帛襦袴，礼帅初，朝夕学幼仪，请肄简谅。十有三年，学乐、诵《诗》、舞《勺》。成童，舞《像》、学射御。二十而冠，始学礼，可以衣裘帛，舞《大夏》，惇行孝悌，博学不教，内而不出。"以及《礼记·曲礼上》："人生十年曰幼，学；二十曰弱，冠；三十曰壮，有室；四十曰强，而仕；五十曰艾，服官政。"则束发而小学应该从十岁开始，至于束发而大学，依据《大戴礼记·保傅》："束发而就大学，学大艺焉，履大节焉。"以及《礼记·学记》："比年入学，中年考校，一年视离经辨志，三年视敬业乐群，五年视博习亲师，七年视论学取友，谓之小成，九年知类通达，强立而不反，谓之大成，夫然后足以化民易俗，近者说服而远者怀之，此大学之道也"，则束发而大学应该在二十岁弱冠之年。就孔子而言，他自称"吾十有五而志于学，三十而立"，这里"志于学"并不是说"开始学习"，而是说"笃志于学习"，十五岁以后，孔子坚定心志，学不厌，教不倦。这是孔子本人的经历，他并不认为这是最佳的安排，实际上，孔子对于学习，是恨晚而不怨早的，他曾经感叹"吾少也贱，故多能鄙事"，晚年的时候，他感叹"加我数年，五十以学易，可以无大过矣"。可见，十五岁并不一定是最佳学习年龄，也非孔子认可的招收门徒的年龄底线。

再次，孔子非常在乎学生的年龄吗？众所周知，孔子教学，奉行"有教无类"的原则，其弟子不仅来自各行各业，而且年龄也是老少青俱存，甚至父子同门。根据《论语》《史记》计算可知，他的几个弟子如陈亢、子张等当时可能不到15岁，陈亢少孔子40岁，"陈亢问孔鲤"当发生在孔子周游列国之前，也就是孔子55岁之前，此时陈亢顶多15岁。子张少孔子48岁，当孔子63岁困于陈、蔡之地时，子张跟从孔子，曾经向孔子问"行"，其时年方15岁，其入门时间应该在先。《孔子家语·七十二弟子解》载：叔仲会和孔璇二人少孔子54岁，孔子每执笔记事，二孺子迭侍左右，孟武伯问曰："此二孺子之幼也，于

学岂能识于壮哉？"孔子说"然少成则若性也，习惯若自然也""人生
十年曰幼"（《礼记·曲礼上》），不仅二人年幼入门，孔子最为挚爱的
弟子颜回也是 14 岁拜师孔子。曾参少孔子 46 岁，曾参少时耘瓜，误
伤瓜根，遭到父亲毒打，曾参却瞒伤矫情，为此孔子大怒，告诉门弟
子说"参来勿内"，后曾参来谢过。曾参父子一起耘瓜，此事应该发生
在孔子 55 岁周游列国之前，也就是说，曾参 9 岁之前就已经是孔子的
学生了。

除了收徒弟不拘泥于年龄大小，孔子授徒也不拘泥于长幼，如参
加孔子"问志"高级研讨班的，就有弟子子路（少孔子 9 岁）、曾晳
（少孔子 29 岁）、冉有（少孔子 29 岁）、公西华（少孔子 42 岁），虽然
他们最大相差 33 岁，但是孔子对他们平等相待，"亦各言其志也"，毫
无年龄偏见。在孔子的理想生活中，"莫春者，春服既成，冠者五六
人，童子六七人，浴乎沂，风乎舞雩，咏而归"，冠者童子皆可同游，
不亦乐乎。孔子没有年龄歧视，"互乡难与言，童子见，门人惑。子
曰：'与其进也，不与其退也，唯何甚？人洁己以进，与其洁也，不保
其往也。'"只要诚意求上进，无论童子还是成年人，无论善人还是恶
人，孔子都来者不拒，尽力教诲。所以，年龄不是孔子收徒的必要甚
至唯一条件。

最后，如果把"束脩"做"15 岁年龄"解的话，那么，"自行束
脩以上"语句不通。束脩以上，即 15 岁以上，这是客观事实，为什么
要"自行"？把"束脩"解释为 15 岁，也不能解释为什么我们中国特
别是宋代以后，普遍把学生家长给老师的报酬称之为"束脩"，并宣称
这是自古以来的传统。

（二）关于第二种解读，面临以下困难：

首先，我们将"束脩"解释为"自我约束，洁身修行"，认为孔子
收徒，重在其立志求学之自觉，而无关乎贫富、贤愚，诚如是也，可

以《论语·述而》相互参证："互乡难与言，童子见，门人惑。子曰：'与其进也，不与其退也，唯何甚？人洁己以进，与其洁也，不保其往也。'"互乡童子名声不好，孔子依然毫不歧视与之教诲，孔子有教无类之博大胸襟，可见一斑。无论任何人，只要他洁己以进，孔子皆可以见而教之。孔子就这样成为那个以血统论贵贱的时代一股高歌凯进的清流、一抹虽微弱却耀眼的亮色。

孔子有教无类，在收徒方面门户大开，开放办学。根据《荀子·法行》记载：南郭惠子问于子贡曰："夫子之门，何其杂也？"子贡曰："君子正身以俟，欲来者不距，欲去者不止。且夫良医之门多病人，檃栝之侧多枉木，是以杂也。"孔门三千弟子之中，子张，鲁之鄙家；颜涿聚，梁父之大盗；子路，卞之野人；子贡，卫之贾人；公冶长，曾在缧绁之中；澹台灭明，状貌甚恶；伯牛，有恶疾；颜高，是御车夫；南宫适，是鲁贵族。无论贩夫走卒还是达官贵人，只要诚心向学，孔子都来者不拒，有教无类。

但是将"束脩"解读为"束身修行"有其不足，那就是只看到孔子对入门对象的先天条件的宽容和后天立志的期待，却抹杀孔子对入门礼仪的重视。事实上，孔子非常看重礼仪，根据《论语·八佾》：子贡欲去告朔之饩羊，子曰：赐也！尔爱其羊，我爱其礼。孔子感叹"人而不仁如礼何"，但是仁而无礼也不可取。孔子说："不知命，无以为君子；不知礼，无以立也；不知言，无以知人也。"子贡曾经问孔子："君子亦有恶乎？"子曰："有恶。恶称人之恶者，恶居下流而讪上者，恶勇而无礼者，恶果敢而窒者。"礼是安身立命之本，要成为孔子的弟子，入门之礼是断断不可少的。

其次，这种解释找不到词源脉络依据。我们诠释古人之意，应该有其自身一个发展的脉络，而不可望文生义，节外生枝，强以后义灌前义，自孔子直到近代，千年来，不曾有此相似解读，所以，其立论根基甚弱，犯了诠释学之大忌。

再次，此解读依然不能回答为什么《论语》中已经有"修"字，却不用"束修"而用"束脩"？脩、修通用是在汉朝之后，而非先秦。孔子所言之"束脩"，不可完全等同汉代之后的"束修"。

最后，此解读不能解释千百年来中华文明的一种文化现象：即千百年来中国人把敬献给老师的礼物（金）称之为"束修"（束脩），而且几乎无一例外认为其源自孔子。完全割裂"束脩"与礼物之间的关系，就不能解释这一以贯之的文化传统。无论如何创新的诠释学，也不能无视作为其客观有效性的实事求是原则。

（三）关于第三种解读，质疑如下：

首先，十条干肉对孔子很重要吗？孔子办学，没有十条干肉就不教了吗？孔子那么爱财？那么爱干肉吗？孔子办学之前，国家有官学，只有富贵人家的子弟才能进入学习，孔子主张有教无类，上学下达，孔子办私学，不为稻粱谋，是为了让贫苦人家的子弟能够获得学习的机会，君子成人之美，不成人之恶。孔子告诫弟子子夏，要做君子儒，不做小人儒，君子喻于义，小人喻于利。孔子办学之旨趣和原则，可想而知，岂为十条干肉折腰？孔子视富贵如浮云，岂会见利忘义，以十条干肉做交易？再说，孔子还是美食家，食不厌精，脍不厌细。《礼记·内则》：大夫燕食，有脍无脯，有脯无脍，"脩，脯也"（《说文》），想必孔子对束脩也不甚喜爱，何况孔子弟子三千，一人十条脯，要吃到何年何月？要它做甚！

其次，如果说拜师总要交一定的见面礼，是古往今来的行规，那么收弟子十条干肉，是合礼的行为吗？依据《周礼·春官·大宗伯》："孤执皮帛，卿执羔，大夫执雁，士执雉，庶人执鹜，工商执鸡"，不同身份的人要送不同的礼物。而依据《礼记·曲礼下》："妇人之贽，椇榛脯脩枣栗。"《左传》庄公二十四年记载："男贽，大者玉帛，小者禽鸟，以章物也。女贽，不过榛栗枣脩，以告虔也。""束脩"是妇女送的见面礼，可是孔子的弟子无论是孤、卿、大夫，亦或是士农工商，还是三千弟子，没有一个是妇人，怎么会送束脩作为见面礼？而且，按照春秋时期的礼节，宾客执贽面见，主人一般应辞让，相见毕，主人一般要将宾客所执的贽还给来宾，方为尽礼，国君除外。换言之，除非国君送的见面礼，其他的见面礼都是礼来礼往的。如鲁国国君送鲤鱼给孔子，孔子就接受了，而阳货送豚给孔子，孔子就要答谢，把礼物送回去。据此，我们认为即使孔子学生献上见面礼，孔子也会礼尚往来，原物奉还，不会纳为己有，更不会靠它谋生。

再次，"十条干肉"（束脩）真的是很薄很薄的礼物吗？依据《礼记·檀弓上》："古之大夫，束脩之问不出竟。"依据《礼记·少仪》："其以乘壶酒、束脩、一犬赐人。"可见，束脩也是有一定分量的礼物，在大夫那里，算得上薄礼，对庶民来说，就绝非易事。试以颜回为例，颜回居陋巷，一箪食，一瓢饮，颜回父子皆为孔子的弟子，要交双份的束脩，财何以堪？曾参父子亦如此。孔门弟子，大多是贫寒庶民，难道不会因为这一条条束脩望而止步、拒之门外？

总之，如果真有什么"十条干肉"的门槛费，那么孔子有教无类的教育理念就会付诸东流。诚如是，则孔子之忧，不在"德之不修，学之不讲，闻义不能徙，不善不能改"，而在"招不到生，赚不到脩，发不到财"，则孔子泯然众人矣。

二、儒服委质因门人

以上三种解释皆不令人满意，那么要成为孔门弟子，究竟该怎么做呢？其实司马迁在《史记·仲尼弟子列传》中做了详细的描述：

"仲由字子路，卞人也，少孔子九岁。子路性鄙，好勇力，志伉直，冠雄鸡，佩豭豚，陵暴孔子。孔子设礼稍诱子路，子路后儒服委质，因门人请为弟子。"

子路成为孔子入门弟子，经过了三个环节，即"儒服""委质""因门人请为弟子"，这三个环节就是"自行束脩以上"的活生生写照，也是孔安国所注："言人能奉礼，自行束脩以上，则皆教诲之也"，"自行束脩"就是主动登门，实行以"束"（装束，即儒服，以表甘于约束）、"脩"（干肉，即质，以表志于修德）为主要内容的拜师礼仪。

"行"字在《论语》中多有出现，如"先行其言而后从之""季文子三思而后行"等，"行，往也"（《广雅》），其意为"行动""实施"。"行束脩"即"实行束脩礼仪"，"束脩"在此是两个字叠加，"束"在此是"整饰衣冠"的意思，如"赤也，束带立于朝，可使与宾客言也，不知其仁也"，结合子路拜师礼，此处"衣冠"应特指"儒衣儒冠"；"脩"在此是"委质"的内容，"委质"亦做"委挚""委贽"，"质"即"挚"，呈献质物，以表心志。如"乃令张仪佯去秦，厚币委质事楚"（《史记·屈原列传》），《吕氏春秋》说"孔子周流海内，再干世主，如齐至卫，所见八十余君。委质为弟子者三千人，达徒七十人"。根据《礼记·士相见礼》：不以挚，不敢见。以礼相见，不能没有挚，拜师带的挚就是"脩"（干肉）。古人送礼大致有两种类型：一种是赠送礼物，这种礼物的价值要与送礼者的身份和地位相匹配，通常有严格的规定，不可僭越，否则就是严重的失礼行为。依据《周礼·春官·大宗伯》："孤执皮帛，卿执羔，大夫执雁，士执雉，庶人执鹜，工商执鸡。"依据《礼记·曲礼下》："妇人之贽，椇榛脯脩枣栗。"另外一种礼物则是用于仪式性的物品，其价值与送礼者和受礼者的身份和地位无关，更多的是托物言志、借物喻志，礼物在这里不在于实物价值意义，更在于象征性意义。如在孔子喜得贵子的仪式上，鲁国国君送鲤鱼以示祝贺，鲤鱼并不贵重，作为诸侯送出的礼物，从实物价值的层面讲，与身份不吻合。但是从象征意义上讲，鲤鱼有吉祥寓意，"嘉以为瑞"，寄托良好祝福，则合礼合宜。又如士相见的仪式上，往往以野雉为挚，"雉，耿介之鸟也"（《韩诗章句》），"凡挚士雉谓其守介节。交有时，别有伦也"（《礼记·曲礼》），雉"不可诱之以食，慑之以威，必死不可生畜"，所以士人乐于以雉为礼物，隐喻自己的节操。又如中国人结婚常送"红枣、花生、桂圆、莲子"四物，则是取其谐音，寓意"早生贵子"的祝福。孔门的拜师收徒仪式上，弟子送的挚就属于后者，这里作为"委质"的物品是"脩"，即干肉，何以送"脩"？因"脩""修"同音，寓意"立志修身修德"，弟子以脩为委质，表示自己下定决心，愿意笃志于修学修德，因为孔门之志，无非"修己以敬""修己以安人""修己以安百姓"。孔子对弟子的担忧无非是"德之不修，学之不讲，闻义不能徙，不善不能改"。拜师礼就是向老师表志的仪式，《史记索隐》按：服虔注左氏云"古者始仕，必先书其名于策，委死之质于君，然后为臣，示必死节于其君也"。古人求仕如此，求学亦当如此。"以上"就是登门拜师，就是"因门人请为弟子"，即通过孔子门人向孔子请求将自己收为弟子。孔子主张不愤不启、不悱不发。一个人，如果自己不想修德上进，那么老师也徒劳无益，如果自己想要修德上进，那么孔门可以帮助他、成其之美，因此弟子要主动上门求学，只闻来学，没有往教，唯有尊师，才能亲师重教，所以拜师必须本人亲自登上师门。

那么，儒衣儒冠对孔门来说真的那么重要吗？孔子说"君子正其衣冠"。子路自从儒服委质成为孔门弟子以后，一直谨记老师教诲。公元前480年，子路身受重伤、濒临死亡之际，他的缨（冠带）被敌人击断，子路说："君子死而冠不免。"遂结缨而死，足见子路对儒衣儒冠何其尊重。孔子也十分看中服装，他称赞管仲仁者，因为"管仲相桓公，霸诸侯，一匡天下，民到于今受其赐。微管仲，吾其被发左衽矣"。古人不仅主张言为心声，言行一致，而且主张以衣表志，不同志向的人穿不同的衣服，儒有儒服，墨家有墨服，道有道服，释有佛装。孔门弟子被称为儒者，其外在标志即为儒冠儒服。《淮南子·要略》载："周公继文王之业，持天子之政，以股肱周室，辅翼成王，惧争道之不塞，臣下之危上也，故纵马华山，放牛桃林，败鼓折枹，搢笏而朝，以宁静王室，镇抚诸侯，成王既壮，能从政事，周公受封于鲁，以此移风易俗。孔子修成康之道，述周公之训，以教七十子，使服其衣冠，修其篇籍，故儒者之学生焉。"儒者行束脩（服其衣冠，修其篇籍，修德修行），目的在于时刻提醒自己，要铭记成康之道、周公之训，继往开来、光大尧舜文武周公之业，这是孔门的志向。"儒家者流……游文于六经之中，留意于仁义之际，祖述尧舜，宪章文武，宗师仲尼，以重其言，于道最为高。"（《汉书·艺文志》）儒服不仅有其传承，而且有其寓意。据说，先秦儒服以高冠、大袖、大带、摺笏、方履为主要特征，以深衣为典型款式。《礼记·深衣》："古者深衣，盖有制度，以应规、矩、绳、权、衡。……制：十有二幅，以应十有二月，袂圜以应规；曲袷如矩以应方；负绳及踝以应直；下齐如权衡以应平。故规者，行举手以为容；负绳抱方者，以直其政，方其义也。故《易》曰：'《坤》六二之动，直以方也。'下齐如权衡者，以安志而平心也。五法已施，故圣人服之。故规矩取其无私，绳取其直，权衡取其平，故先王贵之。"实质上，就是将儒家理想的君子人格、为人处世的原则进行物化，用非常直观的形式表达了出来。另外，《庄子·田子方》有言："周闻之：儒者冠圜冠者知天时，履句履者知地形，缓佩玦者事至而断。"可见，儒服表达了儒家的理想和抱负，成为孔门象征。

综上，我们可以对此章句做出有理有据的解释："任何人，只要自己主动到我家来行使束脩礼仪，我都会收为弟子，诚心诚意尽心尽力地教诲他。"具体地讲，只要有人主动穿戴儒衣儒冠、委干肉为质，亲自到孔子之门，委托孔子门人请求孔子收自己为弟子，则孔子"吾未尝无诲也"，悦纳为孔门弟子。

三、文献上的见证

"束脩"作为孔门以及儒门拜师礼仪，文献也多有论述，如明代董纪赋诗《次韵俞仲基》："孔圣在陈日，行囊枵然空。由也虽愠色，君子当固穷。灵公问不答，一去难牢笼。春秋明王道，周南存国风。笔削示来世，斯文代天工。及门三千徒，尽若麻中蓬。其功过尧舜，万古谁能同。吾生恨独晚，束脩谅难从。私淑诵其书，拳拳仰仪容。""束脩"在此指的就是孔门拜师礼仪。

沈括《梦溪笔谈·艺文二》记载一个轶事："欧阳文忠好推挽后学。王向少时为三班奉职，干当滁州一镇，时文忠守滁州。有书生为学子不行束脩，自往诣之，学子闭门不接。学生讼于向，向判其牒曰：'礼闻来学，不闻往教。先生既已自屈，弟子宁不少高？盍二物以收威，岂两辞而造狱？'书生不直向判，径持牒以见欧公。公一阅，大称其才，遂为之延誉奖进，成就美名，卒为闻人。"弟子不行束脩，先生竟然往教，被视为失礼行为，受到儒门唾弃。

《资治通鉴·唐纪三》记载了一个儒门拜师的故事："戊申，王世充立子玄应为太子，玄恕为汉王……又以国子助都吴人陆德明为汉王师，令玄恕就其家行束脩礼。德明耻之，故服巴豆散，卧称病，玄恕入跪床下，对之遗利，竟不与语。"这里的"脩"就不再是干肉了，随着社会的发展，斯文日渐扫地，"束脩"渐渐演变成"学生送给老师的报酬财物"或者"学生交给老师的学费"的雅称，如清代王润生《忆昔行三首·其三》："补缉楹书就外傅，节缩缣帛供束脩。吁嗟呼，母之爱儿无不周，儿之报母无一酬"，"束脩"竟然演变成为学子求学之一大财务负担，此是后话。

如果不收学费，孔子真的就生计堪忧吗？庸人自扰之。孔子虽然"少而贱"，但是"十有五志于学"，十七岁声名已播及达官贵人，权臣孟僖子亦嘱子从教，二十岁生子，鲁国君亲自致礼，其后从政与从教兼行，三十岁齐国君问政，欲将尼溪田封之，其后闻名于诸侯，卫灵公致粟六万，楚昭王将以书社地七百里封孔子，原宪为孔子宰，与之粟九百，想必生计无忧。再说，孔子其人，"饭疏食，饮水，曲肱而枕之，乐亦在其中矣。不义而富且贵，于我如浮云。"旷达如斯，即使不收学费，今人也无需为其烦扰。

参考文献：

[1] 朱熹. 四书章句集注 [M]. 北京：中华书局，2011：91—92.

[2] 钱穆. 论语新解 [M]. 北京：九州出版社，2011：159.

[3] 辜鸿铭. 辜鸿铭讲论语 [M]. 北京：北京理工大学出版社，2013：119.

[4] 张居正. 论语别裁 [M]. 西安：陕西师范大学出版社，2007：94.

[5] 杨伯峻. 论语译注 [M]. 北京：中华书局，1980：67.

[6] 张觉. 荀子译注 [M]. 上海：上海古籍出版社，2012：449.

[7] 司马迁. 史记第二册 [M]. 长沙：岳麓书社，2012：987.

第三章　孔子见南子，无关风月

2010 年，电影《孔子》正式播放之前，先播的 45 秒预告片即遭到孔子后人第七十五代直系孙孔健等人的抗议，孔健代表孔家后人，提出对影片做出三点改动的要求，其中第二条就是："删减孔子与南子的暧昧对白等明显缺乏史实依据并严重有损于孔子圣人形象的内容。"否则，"将在必要的时候不排除诉诸法律手段，以维护孔子'至圣先师''万世师表'的圣人形象"。这不禁让人想起 1929 年 6 月，因曲阜二师的学生上演独幕历史剧《子见南子》而引发孔子后裔愤怒，以该剧侮辱了先祖孔子的罪名，越级上告到国民政府教育部，又通过孔祥熙将控告书转呈蒋介石，致蒋亲令"严究"，教育部下令山东教育厅查办，二师校长被调离，成为轰动全国的曲阜二师"子见南子"案。

80 多年来，时移世易，沧海桑田，很多东西都发生翻天覆地的变化，但是为什么"子见南子"这件事一如既往，招致如此大争议，引起轩然大波呢？为什么说兹事体大，涉及到孔子圣人形象呢？"子见南子"究竟是怎么一回事？

一、"子见南子"是否真有其事

所谓"子见南子",说的是春秋时期孔子去拜见卫国卫灵公夫人南子这件事。究竟有没有这回事?从史料上看,"子见南子"绝非空穴来风,乃言之有据,相关史料主要有七个:

(一)《论语·雍也》:子见南子,子路不说。夫子矢之曰:"予所否者,天厌之!天厌之!"

(二)《吕氏春秋·贵因篇》:孔子道弥子瑕见釐夫人,因也。(注:釐夫人即南子)

(三)《淮南子·泰族训》:孔子欲行王道,东西南北,七十说而无所偶,故因卫夫人、弥子瑕而欲通其道。(注:卫夫人即南子)

(四)《史记·孔子世家》:灵公夫人有南子者,使人谓孔子曰:"四方之君子不辱欲与寡君为兄弟者,必见寡小君。寡小君愿见。"孔子辞谢。不得已而见之。夫人在絺帷中。孔子入门,北面稽首。夫人自帷中再拜,环佩玉声璆然。孔子曰:"吾乡为弗见,见之,礼答焉。"子路不说,孔子矢之曰:"予所不者,天厌之!天厌之!"居卫月余,灵公与夫人同车,宦者雍渠参乘,出,使孔子为次乘,招摇市过之。孔子曰:"吾未见好德如好色者也。"于是丑之,去卫,过曹。

(五)《盐铁论·论儒篇》:孔子适卫,因嬖臣弥子瑕以见卫夫人。

(六)《法言·五百卷》:或问:"圣人有诎乎?"曰:"有。"曰:"焉诎乎?"曰:"仲尼于南子,所不欲见也;阳虎,所不欲敬也。见所不见,敬所不敬,不诎如何?"

(七)《论衡·问孔篇》:孔子见南子,子路不悦。子曰:"予所鄙者,天厌之!天厌之!"

这七条史料形成一个证据链,从史料记叙时间上看,从孔子逝后之战国到秦代、西汉初、西汉中、西汉末、东汉,没有中断,实际上一直延续到今。从史料记叙者方面看，从孔门直系弟子到政治家、学者、历史学家，各行各业。对于"子见南子"之事，皆有论及，特别是公认为最为可靠的记述孔子言行的《论语》和相对客观务实的信史《史记》皆在其中，这些史料即使不能证明"子见南子"之事百分之百确实，也足以证明十之八九确有其事。

二、"子见南子"究竟是怎么回事

既然史料确凿，事实难以质疑，那么"子见南子"事件为什么会成为聚讼千年的一大公案？以致清代大学者赵翼在《陔余丛考》中感叹："《论语》惟'子见南子'一章最不可解。"当代学者王元化也深有同感："《论语》子见南子章是最难理解的，几乎成了千古疑案。"为什么"子见南子"事件成为任何拍摄与孔子相关影视最为敏感的题材呢？为什么"子见南子"事件成为千百年以来尊孔者和贬孔者攻防的焦点话题？尊孔者讳言之，贬孔者力播之。

如果要实事求是地分析和评价事件，首先我们应该根据尽可能可靠的史实来尽量还原事件发生的时间、地点、主角和剧情：第一，故事发生的时间。从《史记·孔子世家》看，鲁定公十四年孔子摄相事，闻国政三月后，离开鲁国，在卫国住十个月以后离开，在匡地脱困后又返回卫国，然后孔子见南子，在鲁定公十五年鲁定公逝世之年再度离开卫国，因此计算此事发生在鲁定公十五年。但是这个时间和《史记·鲁周公世家》以及《史记·十二诸侯年表》发生冲突，后二者都记载"定公十二年，孔子去"，而《史记·卫康叔世家》和《史记·十二诸侯年表》则标明"卫灵公三十八年，孔子来，禄之如鲁"，卫灵公三十八年即鲁定公十三年，所以比较准确的时间，应该是鲁定公十二年即公元前 498 年孔子离开鲁国，公元前 497 年孔子第一次周游到卫国。但是钱穆先生认为孔子离开鲁国应当在鲁定公十三年，"孔子犹不欲急去，且待春祭，由于不送大夫祭肉，乃始行，此应在定公十三年"，这与《鲁周公世家》《十二诸侯年表》记述不符，再说鲁国祭天之郊既有春祭，也有冬祭，"立冬之日，祭之于北郊"，孔子应该在鲁定公十二年十二月堕三都失败，又没有等到鲁君冬祭所送来的膰肉之后离开鲁国，到卫国的时候已经是鲁定公十三年，即公元前 497 年，孔子在卫国"居十月"之后，"因有隙，后离开"，准备去陈国，在卫国匡邑被"拘于匡"，江氏永先圣图谱载此事于鲁定公十三年。后得脱，又经过一月以后，重返卫国，然后就发生了孔子见南子之事。依此计算，则孔子见南子之事应该发生在鲁定公十四年，而且极有可能在十四年之初。因为依据《十二诸侯年表》和《陈杞世家》，孔子于鲁定公十四年已经离开卫国到了陈国，"缗公六年，孔子适陈"，陈缗公六年，即鲁定公十四年。第二，故事发生的地点在卫国都城帝丘的卫国王宫。自从公元前 629 年卫成公迁都帝丘（今濮阳）以来，帝丘一直是卫国政治、经济、文化中心，凡 400 年。第三，故事的主角为二男一女，"二男"为周游列国的孔子及其耿直的弟子子路，"一女"为卫国国君卫灵公的夫人南子。孔子时年 56 岁，曾经担任鲁国大司寇摄相事，是享誉列国的著名政治家和思想家。南子是宋平公的女儿、卫灵公的夫人，掌握卫国实权。二人是同宗，都是子姓。第四，故事的剧情由四部分构成：南子让人传话给孔子，表示自己愿意见孔子；孔子不得已，去王宫拜见南子；孔子的弟子子路不悦；孔子矢之于子路："予所不者，天厌之，天厌之"。

一位流亡异国在异国服务的大臣应邀去拜见该国国君的夫人，这似乎无可非议，但是为什么"子见南子"却引起轩然大波呢？这可能与孔子的特殊身份有关，与子路的表现有关，与孔子的事后举止有关。

孔子究竟为什么要去拜访南子？子路为什么不悦？"矢之"是什么意思？"天厌之，天厌之！"是什么意思？千百年来，无数的硕学鸿儒围绕这几个问题，争论不休，莫衷一是，这里我们试撮其要，加以论述并探讨。

（一）孔子为何拜访南子？对于这个问题，大概有四种回答：

1. 孔子迫于礼而见。如朱熹指出："孔子至卫，南子请见，孔子辞谢，不得已而见。盖古者仕于其国，有见其小君之礼。"

2. 孔子权时而为。如杨树达引用《汉书·王莽传》和《法言·五百篇》，认为孔子见南子是"见所不见"，是"圣人有诎"，乃"权时"也。

3. 孔子为行道而见。如孔安国认为："南子者，卫灵公夫人，淫乱而灵公惑之，孔子见之者，欲因以说灵公，使行治道。"走夫人路线，虽然不够光彩，可是这是为了让大道被采纳，所以虽然委屈，也是值得。

4. 孔子为保住优厚待遇而见。如孟子认为孔子"于卫灵公，际可之仕也"，为保住"六万粟"的待遇去见南子。如果不去，得罪了南子，那么官位和薪水就保不住了。

总之，在他们看来：孔子去拜访南子，是纡尊降贵，绝非自愿，完全是迫不得已，或迫于礼（朱熹），或迫于权（杨树达）；或迫于道（孔安国），或迫于利（孟子）。

（二）子路为何不悦？对于这个问题大概有五种解答：

1. 朱熹指出："子路以夫子见此淫乱之人为辱，故不悦"，孔夫子见南子，有失颜面，子路为孔子难过。

2. 刘宝楠认为："子路性刚直，未达孔子之意以为君子当义之于比，而孔子乃见淫乱妇人，故不悦乐"，子路因孔子见淫乱妇人，认为不合道义，心中不高兴。

3. 赵翼认为："圣贤师弟之间，相知有素，子路岂以夫子见此淫乱之人为足以相浼而愠于心？即以此相疑，夫子亦何必设誓以自表白，类乎儿女之诅咒者。"认为子路不悦，乃伤孔子之道不能畅行，以致被迫去见南子。

4. 东汉王充认为"子路不说，谓孔子淫乱也"，孔子与南子淫乱，所以子路不悦。

5. 康有为认为子路不悦乃因子路囿于小康之制，不明大同之为。

总之，在他们看来，子路之所以不高兴，是因为南子是淫乱妇人，孔子见南子，乃有失行为，或失之于色，或失之于德，或失之于道，或失之于名，或兼而有之。

（三）何谓"矢之"？孔子究竟矢之了什么？对此有五种解答：

1. 朱熹认为："矢，誓也，否，谓不合于礼，不由其道也。厌，弃绝也。圣人道大德全，无可不可，其见恶人，固谓在我有可见之礼，则彼之不善，我何与焉。然此岂子路所能测哉？故重言以誓之，欲其故信此而深思以得之也。"认为孔子向子路发誓：我见南子合乎礼仪，如果非礼，老天会厌弃我。钱穆和康有为也持此观点支持，但是康有为认为孔子此举不合乎当时之礼，但合乎大同社会之礼仪。

2. 赵翼则认为："矢者，直告之也，否者，否塞也。谓子之道不行，乃天弃之也。"认为孔子并没有发誓，而只是对子路直言相告：我道之不行乃天意，见不见南子都一样，要顺天知命，不必难过。

3. 刘宝楠认为："矢者誓也。""言我见南子，所不为求行治道者，愿天厌弃我。再言之者，重其誓，欲使信之者。"孔子向子路发誓：我确确实实是为行道而见南子，绝无私心杂念，否则老天厌弃我。

4. 杨伯峻的翻译为："孔子发誓道：'我假若不对的话，天厌弃我罢！天厌弃我罢！'"

5. 南怀瑾的解读别出心裁："孔子指出，'你们的看法不对，我所否定的一定是罪大恶极的人，这种人老天都要厌弃她，厌弃她，这种人就不需与她往来（可是南子不是这种人。所以，你们对于南子没必要不高兴）。'言下之意，南子其实并非十恶不赦的坏人，我见她未为不可。"

针对以上三个问题，学者们解读各异，各持己见，争论不休，以致成为《论语》一大历史公案。但是，透过学者们风格各异的解读模本，我们发现隐藏在争论背后，不乏有其共识，那就是：南子不是什么好人，"子见南子"不是什么好事。朱熹甚至赤裸裸地告诫弟子："此是圣人出格事，而今莫要理会它""为圣人讳"。彼有所讳，此有所扬，事实上，"子见南子"后来成为反儒者撩动儒生神经末梢的一件最为敏感的法宝。

三、"子见南子"的新解读

"子见南子"真的那么暧昧不堪吗？存不存在别的可能？本书试图从情理逻辑、历史情境和语词训诂的角度，对此做一番新的探究，并回应以上各家的争论。

（一）从情理逻辑看，如果说"子见南子"是孔子人生之中如此大的一个污点，那么我们就不明白为什么《论语》和《史记》非要把它记下来？难道《论语》不是孔子的弟子们缅怀恩师，向恩师致敬的一部语录集吗？难道《论语》不是孔子的弟子们，在为孔子守墓期间以及之后集腋成裘、精挑细选，至少历 6 年之久才汇集而成的经典吗？难道《论语》二十篇不是如刘向所言："皆孔子弟子记诸善言也"？难道《论语》不是如钱穆所言："自西汉以来，为中国识字人一部人人必读书"，有宋以来，更成为《四书》之一，为科举必试科目？难道司马迁不是说"'高山仰止，景行行止。'虽不能至，然心向往之。余读孔氏书，想见其为人……天下君王至于贤人众矣，当时则荣，没则已焉。孔子布衣，传十余世，学者宗之。自天子王侯，中国言六艺者折中于夫子，可谓至圣矣！"，把孔子写入史书，崇之为至圣的天下第一人吗？既颂之，何必污之？此其不合情理之一；其二，春秋战国以来，百家争鸣，为了击败对手，竞夺思想高地，编造故事、借题发挥，甚至诋毁造谣污蔑儒家宗师孔子者不胜其人。孔子健在的时候，讽刺、挖苦孔子之语，如"丧家狗""四体不勤、五谷不分""不及子贡"之类，不绝于耳。孔子逝后，儒墨之争、儒法之争、儒道之争，此消彼长，从未中断，可谓无所不用其极，但是就算激烈如墨子、老子、庄子、韩非子等孔子反对派，却无一人提起"子见南子"之事，难道不是很奇怪吗？为什么不祭出这么一件有据可查、历经千年依然杀伤力巨大的诋孔利器呢？如果说尊孔的《论语》和《史记》刻意铭记孔子的丑闻让人匪夷所思，那么同样不可理喻的是，孔子其时及其后的反孔、批孔的对手们对此事却保持惊人的沉默，岂不怪哉？思之再三，原因无非三者居其一：或者此事为假，不曾发生；或者此事是误解，大谬不然；或者此事不是孔子之羞，而是孔子之荣。此事之真假，前面已经用史料的证据链加以证明。那么会不会是我们理解有误？会不会孔子见南子，不仅仅不是丑事，而可能是美事一桩？

（二）从历史情境体验出发，我们不妨通过历史还原法，依据史料，尽可能拼凑事实真相，以理解此章的真实意义。从这个角度出发，我们发现以下几个关键的史实：

1.从孔子的人生经历来说，孔子学而优，仕途却很晚。五十一岁始出仕，任鲁国中都宰，五十二岁晋升为司空，旋即任大司寇，摄相事，奉粟六万，在当时的诸侯国，对于一个没有周室血统的人来说，这可以说已经达到仕途最高峰，跻身高官厚禄之群，可谓来之不易，应倍加珍惜。可是，当他发现曾经支持他进行政治改革的鲁国国君和三桓权贵已经转变，开始不思进取、消极抵制改革，公然违背礼法（季氏八佾舞于庭，鲁君祭肉不送群臣），沉湎于奢侈享乐，他所主导的以礼治国的政治改革实践不得不宣告半途而废，他所秉持的以礼治国的政治理想化为泡影的时候，孔子在知天命之年，毅然踏上了周游列国，寻求"得君行道"之路，在他的身后，是鲁国的高官厚禄、安逸舒适的生活和儿孙绕膝的家庭；在他的前方，是陌生的国家、险恶的国际形势和不可预测的命运。试想一下，这样的孔子岂会如孟子所言，为了卫灵公给的六万粟而诎己以事人，去拜见不想见的君夫人南子？再说，孔子何人也？"饭疏食，饮水，曲肱而枕之，乐亦在其中矣。不义而富且贵，于我如浮云。""笃信好学，守死善道。危邦不入，乱邦不居，天下有道则见，无道则隐。邦有道，贫且贱焉，耻也；邦无道，富且贵焉，耻也。"孔子既然知耻可弃鲁君所给之富贵，又岂可无耻而求卫君所给之富贵？所以，孟子此言差矣。

2. 君子谋道不谋食，道不同不相为谋。孔子离开鲁国后，第一站来到卫国。孔子之所以选择卫国，原因不外乎三：其一，孔子对卫国有特别情感。孔子本是殷商后裔，而卫国则是殷商故都，卫人多为殷商后人，如果说鲁国是父母之邦，那么卫国就是祖先之地，既然不能将自己的智慧奉献给父母之邦，那么就奉献给祖先之地吧。何况卫国与鲁国一河之隔，若有召，可速回。其二，卫国和鲁国是兄弟之邦，鲁国的开国之君周公和康叔是亲兄弟，"大姒之子，唯周公、康叔为相睦也"，二君皆有贤德之名。两国为兄弟之邦，两国皆有尊文重教的传统，所以从文化上讲，卫国对孔子有吸引力。其三，卫国人口稠密，经济发达，卫国当政的卫灵公颇有贤名。卫灵公尊贤任能，善于纳谏、勇于改过，孔子对此早有耳闻。卫国多君子，孔子喜爱的弟子子贡等是卫国人，好友蘧伯玉也是卫国的贤大夫，有良君贤臣高徒如斯，孔子欣然而到卫国。初入卫境，但见人烟稠密、繁庶发达，立刻与冉求畅谈"庶之""富之""教之"的治理思路，对于在卫国的"得君行道济世"，孔子踌躇满志，寄予厚望。

3. 孔子满腔热情来到卫国，受到卫灵公接见，并予以高薪。但是很快，情形急转直下，据《韩非子·外储说左下》载："人有恶孔子于卫君曰：'尼欲作乱。'"卫灵公于是派人拿着兵器随孔子出入，孔子感到威胁，在卫国居住了十个月，也不曾见卫灵公问政，孔子无奈，一行人只好离开卫国。究竟说孔子坏话的是谁呢？据孟子说，孔子初到卫国，"主颜雠由，弥子之妻与子路之妻，兄弟也。弥子谓子路曰：'孔子主我，卫卿可得也。'子路以告。孔子曰：'有命。'"弥子瑕是子路的连襟，卫灵公的宠幸之臣，据《吕氏春秋》所言，孔子就是通过他去见南子的，也就是说，他也是南子的宠臣。卿大夫是诸侯国非常高阶的职位，他区区一个宠臣，凭什么敢做出保证？他究竟在替谁传话？此外，卫国大夫王孙贾也来问孔子："与其媚于奥，宁媚于灶。何谓也？"孔子回答："不然，获罪于天，无所祷也。""奥"为室之西南隅，为尊者所居，"国有奥主"。灶即灶神，《庄子·达生》有"灶有髻"，司马彪注释说："髻，灶神，着赤衣，状如美女。"《礼记·礼器》中有："奥者，老妇之祭也。"郑玄指出：此"奥"误，当为"灶"。奥神位尊而无实权，灶神位卑而有实权，奥神是男，灶神是女，王孙贾究竟是何用意？似乎在暗示孔子，与其祭拜贵为一国之君而实际不管事的卫灵公，不如去巴结掌握实权的国君夫人南子。此外，从《史记》关于"子见南子"的记载分析，孔子第一次到卫国的时候，南子极有可能就派人传话给他，"四方之君子不辱欲与寡君为兄弟者，必见寡小君，寡小君愿见"，提出要见他，这就是后来他告诉子路"吾乡为弗见"的缘故，《正字通》解"乡"为"昔也，曩也"。往者在前，来者从后，故往者谓之乡者，往日谓之乡日。《论语》有"乡也，吾见于夫人而问知"。"乡"在此意为"以前"，应指第一次南子要见的事情，但是孔子对于南子本人以及南子亲信的威逼与官诱，不为所动，软硬不吃，晓以大义，一律谢绝。得罪了卫国实权派，等待孔子的是无所不在的威胁和漫无边际的冷遇，"合则留，不合则去"，鲁定公十三年底十四年初，孔子无可奈何，只好离开卫国，踏上去往陈国的漫漫长途。

4. 孔子"至于是邦也，必闻其政"，孔子如何看待卫国的政治呢？子曰"鲁卫之政，兄弟也"，此话怎讲？《论语》中记载了一段孔子与季康子对话：子言卫灵公之无道也，康子曰："夫如是，奚而不丧？"孔子曰："仲叔圉治宾客，祝鮀治宗庙，王孙贾治军旅，夫如是，奚其丧？"而《说苑·尊贤》也记载了一段孔子与鲁哀公对话：鲁哀公问于孔子曰："当今之时，君子谁贤？"对曰："卫灵公。"公曰："吾闻之，其闺门之内，姑姊妹无别。"对曰："臣观于朝廷，未观于堂陛之间也。灵公之弟曰公子渠牟，其知足以治千乘之国，其信足以守之，而灵公爱之。又有士曰王林，国有贤人必进而任之，无不达也；不能达，退而与分其禄，而灵公尊之。又有士曰庆足，国有大事，则进而治之，无不济也，而灵公说之。史鰌去卫，灵公邸舍三月，琴瑟不御，待史鰌之入也而后入，臣是以知其贤也。"这两段材料矛盾吗？不矛盾。卫国多君子，卫灵公在用人方面，在治国方面，能够做到尊贤用能，这是孔子所要肯定的地方，但是在对待家族成员，在齐家方面，在私生活方面，存在治家不严，有放任肆行、违礼乱俗的问题。依照《礼记·曲礼》："姑姊妹，女子，子已嫁而返，兄弟弗与同席而坐，弗与同器而食"，"姑姊妹无别"公然违背这条礼制。此外，《庄子·则阳篇》云："夫灵公有妻三人，同滥而浴"，其私生活之混乱可见一斑，我们也可从南子传给孔子的嚣张之言中见其纵妻之跋扈，从后来卫灵公为南子招宋朝之事见其对妻之宠溺。"卫灵公之无道也，宫中荡乱，夫人宣淫，桑中、有狐之刺，复见于今日也，礼仪消亡，至此极也。"正名守礼，在孔子看来，是治国之要。齐景公问政，孔子回答"君君，臣臣，父父，子子"，政治的关键在于君臣父子皆谨守其责，以礼相处、依礼而行。"君使臣以礼，臣事君以忠"，以德配位，以位广德。如果说鲁国政治最重要的病症是"君不君，臣不臣"，那么卫国政治最重要的病灶在公室"父不父，子不子"，这里的"父不父"是广义的，包括"父不父，母不母"。卫灵公家教家风不正，突出体现在卫灵公夫人南子专政之上。如果对《左传》进行分析可知：卫灵公晚年，喜于外战而怠于内政，从鲁定公四年到鲁哀公二年卫灵公逝世为止，13 年中有 11 年都记载有卫灵公与诸侯国结盟备战或与诸侯国直接战争，可以说，卫灵公不是在忙于战争，就是在忙于准备战争。在内政上，他非常宠溺夫人南子，基本听她安排，南子很会识贤用贤，但是后宫干政让一些重臣和太子十分不满，彼此矛盾尖锐，南子为了打压异己，不断拉帮结派，到后来渐渐权势熏天，大有顺我者昌、逆我者亡之势。卫灵公对夫人听之任之，不加制止。孔子初次来卫国，就饱受其害。

5. 孔子一行逃离卫国，却意外受困于卫国边城匡地，被拘五日，形势严峻到生死渺茫，"子畏于匡：曰'文王既没，文不在兹乎？天之将丧斯文也，后死者不得与于斯文也；天之未丧斯文也，匡人其如予何！'"（"畏"在此同"围"），费尽艰辛终于脱困，"然后得去"。然而吊诡的是，孔子一行离开匡地之后，竟然去而速返，日夜兼程，一个月之后又回到卫国国都，更吊诡的是，在过了匡地，进入蒲邑的时候，遭到叛变的卫国公叔戍军事阻挠，斗争十分激烈，经过谈判，公叔戍要求孔子"苟毋适卫，吾出子"，孔子"与之盟"，但是很快背弃盟约，一路狂奔卫都。

孔子为何去而复返？这个问题对于我们理解"子见南子"公案非常重要。因为正是这次去而复返之后，孔子才去拜见南子，才有后来的"子见南子"公案，如果没有去而复返，也就不存在"子见南子"。

　　孔子之所以去而复返，极有可能与在此期间卫国发生的政治地震有关。《左传》记载："十四年春，卫侯逐公叔戍与其党，故赵阳奔宋，戍来奔。"戍即卫国重臣公叔文子的儿子公叔戍，公叔戍富而骄，鲁定公十三年底公叔文子死后，"卫灵公始恶于公叔戍，以其富也，公叔戍又将去夫人之党，夫人诉之曰：'戍将为乱。'"于是，鲁定公十四年春，卫灵公相继将公叔戍及其党羽赵阳、北宫结等统统逐出卫国，卫国内部斗争白热化，陷入派系清洗之中，反对南子的官员人人自危，公叔戍后来发动蒲邑叛变。孔子"见义不为，无勇也"，为了避免卫国陷入更深重的危机之中，不得不紧急赶回帝丘，希望能够调解矛盾，规劝卫灵公和南子。卫灵公本是沽名钓誉之人，发现孔子离开以后，也很后悔，担心被诸侯嘲笑慢待贤哲，听说孔子去而复返，"喜，郊迎"，并询问"伐蒲可乎"，但也只是问问而已，并没有采纳孔子的建议。卫灵公依然热衷于和鲁国、宋国国君商讨救晋国范氏、中行氏之事，南子依然忙于清洗公叔戍同党，孔子心急如焚，也无可奈何，唯击磬以自遣，孔子思之再三，决定通过弥子瑕去见南子，希望面谏这位对卫国前途命运攸关的人物，将卫国从危机和动荡中逆转过来。

　　6. 子见南子，自从东汉王充在《论衡·问孔篇》中写到："南子，卫灵公夫人也，聘孔子，子路不说，谓孔子淫乱也。孔子解之曰：我所鄙陋者，天厌杀我。至诚自誓，不负子路也。"这件事就与暧昧香艳发生关联，让人充满想象。实际上，孔子与南子之间绝对不可能发生任何绯闻，因为南子和孔子同姓同宗，都是殷商遗民、是宋缗公的后人。电影《孔子》将卫灵公刻画得衰老而昏庸，孔子玉树临风，将孔子与南子渲染出一种英雄佳人惺惺相惜之情，实际并非如此。从史料来看，卫灵公生于公元540年，比孔子小11岁，子见南子之际，孔子56岁，卫灵公45岁，一个是年近花甲的异邦人，一个是正当盛年的君王，谁更有魅力，可想而知，何况孔子之貌丑，也是公认的。南子也非二八佳人，南子是宋平公之女，平公死于公元前532年，如此推算，则南子当时至少已经36岁，当公元前522年卫国发生叛乱之际，南子是卫灵公的夫人，依照周制，南子其时至少15岁，如此推算，孔子见到的南子，已经是40多岁的半老徐娘，是卫国权倾一时的政坛老手，一位仁以为己任的老学者，一位弄权成瘾的政客，怎么可能会发生香艳情色的情节，所以从男女关系的角度看"子见南子"，都是误入歧途、自作多情，应从政治的角度来看待这场外事活动。

　　孔子及其弟子子路对拜见南子充满期待，希望能够说服南子终结派系斗争，团结安定卫国和平吉祥的政治局面，孔门弟子也打算留在卫国一起打拼。所以在拜见之前，师生之间一定做了很多功课，如对于南子，打算告之以《诗经·桃夭》："桃之夭夭，灼灼其华。之子于归，宜其室家。桃之夭夭，有蕡其实。之子于归，宜其家室。桃之夭夭，其叶蓁蓁。之子于归，宜其家人。"明之以《易经·家人卦》："《象》曰：家人，女正位乎内，男正位乎外，男女正，天下之大义也。家人有严君焉，父母之谓也。父父，子子，兄兄，弟弟，夫夫，妇妇，而家道正，正家而天下定矣。""君子笃于亲，则民兴于仁""上好礼，则民易使也"等治国之理，晓之以妻道、母德、君夫人礼，动之以情，晓之以理，申之以卫国国内国外局势，等等。但是，子见南子，情形如何呢？"夫人在绤帷中。孔子入门，北面稽首。夫人自帷中再拜，环佩玉声璆然。"这就是子见南子的全过程，希望有多大，失望就有多大，面对子路充满期待的眼神，孔子能说什么呢？"吾乡为弗见，见之礼答焉。"虽然什么也没有说，只是隔着帘子施了个礼，好歹证明她还懂礼，能以礼相待。如此而已，别的什么都没有，什么都没有说，犹如一瓢冷水从头浇下，子路当然不高兴，想想师徒弟子们冲破公叔成防线，风雨兼程，一路狂奔，返回卫国，不就是为了劝谏卫灵公夫妇，力挽狂澜，以礼治国，拯救卫国吗？可是卫灵公怠政不问，南子见面不言，难道要坐视形势一步步恶化而束手无策吗？子路思之甚恐，心情低落，孔子为了安慰他，就告诉他（"矢之"即"示之"），"我所不希望发生的，老天爷一定不会让它发生，一定不会让它发生"。别难过，相信天从人愿。

既然见面什么都不说，那么南子为什么还要见孔子呢？作为精明而专权的政治高手，南子意在一箭四雕：其一，借孔子光芒，让孔子为自己背书。南子"美而淫"，虽权倾一时，但是卫国臣民对她畏而不敬，如果赫赫有名的道德君子孔子来拜访她，岂不提高她的美誉度？其二，蹭孔子的光芒，制造重贤尊才的假象，让大家看到自己如何尊重人才，如何贤惠；其三，制造孔子支持自己的假象，向朝廷中的反对者示威。孔子都来拜访我，支持我，你们还有什么不服的。其四，向孔子示好，进一步试探和拉拢孔子及其团队，扩大自己的势力。在某种意义上，南子成功了。

很多人对"子路不悦"产生误解，主要是忽视了一个事实：子路不悦，是发生在"子见南子"之后，而不是之前，针对的不是孔子面见南子这件事，而是面见之后的结果。这与他针对孔子见公山弗扰、见佛肸有所不同。弥子瑕是子路的连襟，二人是亲戚，孔子通过弥子瑕见南子，说不定子路也有其贡献呢，只是对见面的情形太失望，毕竟辛辛苦苦白跑一趟，空欢喜一场，当然不高兴，更不高兴的是，救卫国的初衷可能要泡汤。

"子见南子"之后，孔子没有放弃，依然寻找各种机会希望能够劝谏卫灵公夫妇，一个月以后，卫灵公和夫人要出游，让孔子陪同，孔子欣然而来，却发现"卫灵公与夫人同车，宦者雍渠参乘，出，使孔子为次乘，招摇市过之"，如此无礼之至，纯粹把孔子作为招牌，为自己脸上贴金，根本无心倾听和接受劝谏。孔子感叹"吾未见好德如好色者也"，认定卫灵公为无道之君。后来，卫灵公召见孔子，这一次，依然没有问政，而是问打仗之事，孔子对曰："俎豆之事，则尝闻之矣。军旅之事，未之学也。"俎豆，古代祭祀、宴飨时盛食物用的礼器，亦泛指各种礼器，引申为礼制。孔子当然知道军旅之事，只是他不鼓励卫灵公忙于军旅之事，而是提醒卫灵公卫国之患不在于外部战争，而在于内部礼制的混乱，暗示卫灵公要警惕祸起萧墙，但是卫灵公似乎不以为然。第二天，他和孔子讲话的时候，心不在焉，看见天上有大雁嘶鸣，竟然仰头看天，根本无视孔子的存在。孔子彻底绝望了，于是第二次离开卫国，重新踏上"为东周"之梦的漫漫征途，于鲁定公十四年春夏之交，来到陈国。

孔子离开卫国以后，卫国内斗加剧，南子更加专横跋扈，与太子矛盾激化，太子刺杀南子未遂，"惧诛出奔"，投靠卫灵公的仇敌晋国赵简子，与卫国抗衡，卫灵公和南子也绝不妥协，卫国自此陷入长达几十年父子对抗、父子争位、兄弟争位、诸臣相斗之血雨腥风之中，而这一切似乎早在孔子预料之中，他极力挽救过，虽然没有成功，可是他已经尽力。

（三）从训诂学上看，很多学者在此把"矢"训为"发誓"，实为不宜。孔子对弟子发誓，这既不合情理，也不合事实，更不合训诂。正如赵翼所言："夫子亦何必设誓以自表白，类乎儿女子诅咒者？"王充也认为此誓可疑。确实，孔子何人哉？"温而厉，威而不猛，恭而安"，"子之燕居，申申如也，夭夭如也"，"临之以庄，则敬"，焉对弟子赌咒发誓？孔安国也以为解矢做誓，此必无之理。《论语·稽求》指出："圣人所行，无不可以告人者，又况与门弟子语，何所不易白，而必出于是。且矢之训誓，别无考据。唯盘庚有'出矢言'句，是直言非誓言也。"认为孔子对子路发誓，何其之悖谬！其实，"矢"在《论语》另外还出现二次，即"直哉史鱼。邦有道如矢，邦无道如矢。君子哉，蘧伯玉。邦有道，则仕，邦无道，则可卷而怀之"。"矢"在此是其本义"箭"，"矢，箭也"（《广雅》），扩展义为"正直不折"，"矢，直也"（《广雅》），转为动词，"直言""陈述""正告"之意。如"出矢言"（《尚书·盘庚》），"皋陶矢厥谟"（《尚书·大禹谟》），扬雄《法言·五百》"圣人矢口而成言，肆笔而成书"注："矢，正也。"杨用修认为"矢者，直告之也"，综而合之，本章句译为"正告"较为合理。

再来分析"予所否者，天厌之，天厌之"。先看"予"字，"予"同"余"，是孔子自称，这无可置疑，《论语》中有"起予者商也""天生德于予""予欲无言"等，皆做"我"解。再看"否"字，"否者，不也"（《说文解字》）、"否，隔也"（《广雅》），"否"为会意字，与"是"相反，有"否定""反对""阻止""压制""阻隔"等意，这几乎没有争议。争议较大的是"厌"字，我们今天常做"讨厌"解，此是厌的衍生义，非本义。《说文解字》载："厌，笮也。""笮，迫也。在瓦之下，棼上。"段注："此义今人字作压，乃古今字之殊。""厌"本是"压"的同体字，指一物压在另一物上，所以，"厌"也有"否定、压制、遏制"之意，"天厌之"就是说，天会压制它，让它不会出现。合而言之，可以翻译为："我所要阻止发生的事情，上天会阻止它发生，上天会阻止它发生"，有"天从人愿、天人同心，天人合力、共克时艰"之意味。

基于以上分析，我们对以上问题试做新的解答：

1.孔子为何拜访南子？孔子不是被迫，而是自愿拜访南子，其目的不为孔子个人的名权利禄，而是为了拯救卫国。因为卫国由于南子专权，矛盾尖锐，派系斗争初露头角，孔子见微知著，特地赶来求见，志在劝谏南子克己复礼，以德配位，依礼而行，礼让为国。子见南子，非绌己之举，乃正义之行，木铎之声，响于卫国，为和平而前行，为理想而奋斗，此是子见南子之实质，也是《论语》《史记》记载此事的缘由。

2.子路为何不悦？子路是子见南子事件的积极支持者和组织者，对会面期待甚大，以为南子能够听从孔子的劝谏，调和与诸大臣的关系，阻止卫国局面进一步恶化，但是会面的情形让他失望，既为南子的举动感到不悦，更为卫国的未来感到担忧。

3.何谓"孔子矢之：予所否者，天厌之，天厌之"？此即孔子正告子路：我所要阻止发生的事情，天从人愿，上天会阻止它发生的。我们要有这个坚定的信念，不要悲观绝望。

综上所述，"子见南子"绝非孔子人生中一大污点，不仅如此，而且恰恰是一个光辉而灿烂的华章，一个夫子矢志救卫国而不得的故事。"直道而事人，焉往而不黜？枉道而事人，何必去父母之邦？"无论离开卫国还是重返卫国，孔子都是直道直行，出乎仁心，依礼而行。

皇侃引缪播云："应物而不择者，道也。兼济而不辞者，圣也。灵公无道，众庶困穷，钟救于夫子。物困不可以不救，理钟不可以不应，应救之道必明有路，路由南子，故尼父见之。涅而不缁，则处污不辱；无可无不可，故兼济而不辞，以道观之，未有可猜也。贤者守节，怪之宜也。或以亦发孔子之答，以晓众也。否，不也，言体圣而不为圣者之事，天其厌塞此道耶？"缪播之言，与本书大意相通，可为佐助。

"子见南子"之光芒何以被扭曲或遮蔽？这可能与陋儒视女性为洪水猛兽、避之唯恐不及的狭隘之风盛行有关，一看见艳后南子，就充满绯闻之猜想，侮圣之恐慌，困于乱淫之辩解而不得解脱。这或与后期陋儒文化自信之衰退、格局视野之降低、见识思维之僵化密切相关。

参考文献：

[1]（清）赵翼.陔余丛考[M].石家庄：河北人民出版社，1990：55.

[2]王元化."子见南子"与前人注疏[J].学术月刊，1992（9）.

［3］（南宋）朱熹.论语集注［M］.济南：齐鲁书社，1992：59.

［4］杨树达.论语疏证［M］.南昌：江西人民出版社，2007：97.

［5］（清）刘宝楠.论语正义［M］.石家庄：河北人民出版社，1988：131—132.

［6］（南宋）朱熹.论语集注［M］.济南：齐鲁书社，1992：59.

［7］（清）刘宝楠.论语正义［M］.石家庄：河北人民出版社，1988：131.

［8］（清）赵翼.陔余丛考［M］.石家庄：河北人民出版社，1990：55.

［9］（东汉）王充.论衡［M］.长沙：岳麓书社，2006：118.

［10］（清）康有为.论语注［M］.北京：中华书局，1984：84.

［11］（南宋）朱熹.论语集注［M］.济南：齐鲁书社，1992：59.

［12］（清）赵翼.陔余丛考［M］.石家庄：河北人民出版社，1990：55.

［13］（清）刘宝楠.论语正义［M］.石家庄：河北人民出版社，1988：131—132.

［14］杨伯峻.论语译注［M］.北京：中华书局，2006：72.

［15］南怀瑾.论语别裁［M］.上海：复旦大学出版社，2003：263—264.

［16］韩兆琦.史记全本全注全译［M］.北京：中华书局，2010：1047.

［17］《线装经典》编委会.孔子家语·孔子集语［M］.昆明：晨光出版社，2016：157.

［18］《线装经典》编委会.孔子家语·孔子集语［M］.昆明：晨光出版社，2016：128.

［19］马骕.左传事纬［M］.济南：齐鲁书社，1992：526.

［20］黄寿祺，张善文.周易译注［M］.上海：上海古籍出版社，2001：302.

［21］李琢光编.文史辞源第3册［M］.台湾：天成出版社，1984：2227.

［22］程树德.论语集释上［M］.北京：中华书局，2013：488.

第四章　女子与小人难养，孔子也为育子忧

　　苏联作家阿尔森·古留加在《康德传》中写道："哲学家一生的标志就是他的那些著作，而哲学家生活中那些最激动人心的事件就是他的思想。就康德而言，除了他学说的历史外，自己就再没有别的传记。"同为哲学家，孔子的一生，学不厌，教不倦，从学、从教、从政与整理典籍几乎占据了孔子生活的全部，以至于我们对于孔子的家庭生活知之甚少。但是与终生未婚的康德不同，孔子是有家室的，孔子19岁成婚，20岁生子孔鲤，其后又有女。孔子周游列国之际，妻儿留在鲁国，当14年后孔子漂泊归来，妻子已经离世，唯一的儿子孔鲤于次年逝世。孔子不仅有完整的家庭生活，而且非常看重家庭关系，当齐景公问政的时候，孔子回答是："君君、臣臣、父父、子子"，家齐而后国治。那么，孔子又是如何做到"父父""子子"的呢？众所周知，孔子少孤，不能于父亲生前尽孝，但是他用智慧排除艰难，实现父母合葬，尽孝心于地下。如此看来，孔子在"子子"方面应该是合格的，那么，孔子又是如何做"父父"的呢？

　　《论语·阳货》有一章句，或可窥一斑：

　　子曰："唯女子与小人为难养也，近之则不逊，远之则怨。"

　　此章句曾经遭到严重批判，李泽厚指出："此章最为现代妇女所诟病"，不仅女权主义者大加鞭挞，很多学者如蔡尚思也认为：孔子"重

男轻女"，把"女子等于小人"。李零认定孔子看不起广大妇女同胞和小人，"这事是不必为之辩解的"。平心而论，仅仅依据此章句，我们并不能分析出女子等于小人的结论，也得不出孔子瞧不起妇女的结论，因为女子不等于妇女，"难养"也不等于歧视，但是对此章句的不同解读确实构成学术界聚讼纷纭的一大公案，具体言之，有以下四种解读：

（一）将"女子"释为"妇女"，"小人"释为"道德低下之人"，"养"释为"相处""对付"。刘宝楠、杨伯峻、李泽厚等持此观点。如李泽厚将此章句译文为："孔子说：'只有妇女和小人最难对付（共处），亲近了，他不谦逊；疏远了，他又怨恨。'"杨伯峻译文为："孔子道：'只有女子和小人是难得同他们相处的，亲近了，他会无礼，疏远了，他会怨恨。'"

（二）将"女子"释为"侍妾"，"小人"释为"仆隶下人"，"养"释为"教养""畜养"。此种解读乃朱熹所首倡，为张居正、钱穆等所采纳。如张居正讲评为："孔子说：'天下的人，唯有妇人女子与仆隶下人难畜养。'"钱穆译文为："先生说：'只有家里的妾侍和仆人最难养。你若和他们近了他将不知有逊让，你若和他们远了他便会怨恨你。'"认为"善御仆妾，亦齐家之一事"。

（三）认为"女子"暗指"南子"，"小人"暗指"卫灵公和雍渠之流"，此章译为："孔子说：'只有南子那样的女子和卫灵公、雍渠那样的小人是难以相处的，对他们亲近了，他就会不谦逊；对他们疏远了，他们会怨恨。'"现代学者如杨子彬等持此观点。

（四）"女子"通假"汝子"，意为"你们这些人"，释"养"为"教育"，译文为："孔子说：'只有你们几个弟子和小人一样是不好教育的，传授给你们浅近的知识就不谦逊，说会了；传授给你们深远的知识就埋怨，说听不懂。'"吴正中、张玉卿等持此观点。

以上四种解读，最常见的是第一种，历来被视为孔子以及儒家歧视女性的经典铁证，是反孔人士、批孔斗士最好摆弄的利器，也是挺孔人士、亲孔的女权人士如鲠在喉、必欲拔之而后快的章句。试想一下，堂堂孔夫子，居然将女人与小人并列，称为"最难养"的对象，这难道不是在赤裸裸地宣泄对女性的性别歧视吗？这让女权主义者情何以堪！岂不激起女性世界的滔天愤怒？孔子说"一言可以兴邦，一言可以丧邦"，孔子这一言，足以丧失半边天的支持。但是如若冷静思考，则发现此句与孔子一贯所尊崇的"仁者爱人""忠恕待人""有教无类"等基本精神相抵牾，与孔子信奉的为人处世的原则相背离，更与孔子思想体系相悖逆，所以，此句历来成为聚讼纷纭之句。

究竟如何解读此章句？我们不妨把以上四类解读进行交叉互参对比分析，就会发现彼此各有漏洞，相互抵牾，似乎都不够完善，不足为凭。

关于第一类解释，虽然被广泛采用，但是存在以下硬伤：

1. 与事实不符。翻开孔子的历史，孔子从来没有歧视女性。相反，孔子对女性感情极深，非常尊重女性，努力谋求她们的幸福。以家内言之，孔子家中，女性成员有母亲、妻子、女儿、侄女、儿媳。孔子3岁丧父，自小与母亲相依为命，母亲逝世以后，孔子"乃殡五父之衢"，实现父母"合葬于防"的夙愿。听闻母亲墓塌，"泫然流涕"，悲伤不已，其孝母之情可鉴。至于孔子妻子，如果没有夫人的支持，孔子又岂能做到"学不厌，教不倦"，周游列国，弦歌不辍？当68岁的孔子漂泊归鲁，第一件事就是给亡妻重新修墓，举行仪式，孔子死后，与夫人合葬于孔林，其伉俪情深，毋庸置疑；对于晚辈，孔子精心为侄女和女儿择婿，对于儿媳，孔子儿子逝后，儿媳改嫁卫国，孔子当时已经回到鲁国，完全可以运用权势加以阻挠，但是孔子没有这么做，而是以老迈之躯养育幼孙子思，终成大器。以家外言之，孔子对女性非常关怀。一次，孔子过泰山侧，闻妇人痛哭，立即"式而听之"，使子路问之，当得知哭者其夫其父其子皆为逃避苛政而为猛虎所食之后，孔子十分悲痛，立即命弟子牢记"苛政猛于虎"。事实上，孔子及其弟子们，舍弃安稳生活，颠沛流离，流落异邦，其所求并非个人荣华富贵，而是废除苛政，让包括广大妇女在内的民众过上"男有分，女有归""鳏寡孤独皆有所养""庶之、富之、教之"的美好生活而已。可以说，在孔子这里，对女性的尊重和爱护、怜爱和担当是一以贯之的。

2. 与理论不符。孔子主张仁者爱人，人人皆可为仁者，这里的"人"泛指所有的人，当然包括妇女。不仅如此，孔子甚至认为女性比男性更应该受到尊重，纵然是君主，也要"敬妻""孝母""爱子"（指子女），因为"君子之道，造端乎夫妇"，而夫妇之中，"昔三代明王之政，必敬其妻子也，有道。妻也者，亲之主也，敢不敬与？子也者，亲之后也，敢不敬与？"（《礼记·哀公问》），结婚的时候，男方必须冕而亲迎，以示尊敬。仁者，亲亲而仁民，敬爱妻子儿女，普爱天下男女老少，乃修身齐家、治国安邦之基础，敬尚不及，何敢歧视之？

关于第二类解读，虽有创新，但颇为牵强附会，有无稽之嫌。

1. 解词不合理。众所周知，在古代，"子"是尊称，"女子"是对女性的尊称，怎会成为"侍妾""婢女"的代名词？从《诗经》可以看出，周朝的时候，用"仆"指称"奴婢"，而"女子"一词在《诗经》中广泛使用，指称"未婚女孩"，所以不能用侍妾来解释女子这个词，二者内涵与外延都不同。把"小人"做"仆从"解，既是外延的限缩，也不合实况。《论语》之中，"小人"这个词出现的频率非常高，但是作为蔑称，仅仅用于道德败坏之人，只与道德状况有关，与特定的职业无关，即使贵为王公大臣，只要道德恶劣，就在"小人"之列，即使卑如犁牛之子，孔子也认为可以南面为君，所以，如果从贬义的角度，孔子不会用"小人"指代"仆隶"。

2.与事实不符。孔子家中几乎没有侍妾仆从，迎来送往，多是弟子门人代劳。所以孔子既无侍妾仆隶要"养"，更谈不上"难养"。进而言之，即使孔子家中有很多难对付的侍妾仆隶，作为"天纵之圣"，孔子以天下为念，又岂会为家中男女仆从相处之琐事，念兹在兹，忧心忡忡，发此浩然之叹？

关于第三类解读，臆想的成分居多，实在经不起检验。

1.孔子不可能说出如此失礼而没有教养的话。孔子说："礼，居是邑，不非其大夫"，大夫尚且不敢辱骂，况君主、夫人乎！何况作为堂堂君子，孔子岂会在背后指桑骂槐，辱骂卫国国君和君夫人为"小人"和"女子"？孔子倡导以礼治国，修己以安人，岂可如此妄言。

2.实际上，孔子对南子和卫灵公评价并不低。孔子周游列国之际，合则留，不合则去，他在卫国住的时间最久，与卫灵公和南子都有交往，回国以后，鲁哀公问他，在和他打交道的七十二位君主中，谁最好？孔子的回答是"卫灵公"。孔子赞美卫灵公和南子治下的卫国，"庶哉""卫多君子"。

3.南子和卫灵公都不是孔子要畜养之人，事实上恰恰相反，孔子才是卫灵公和南子在"养"之人，"俸六万石"是卫灵公给孔子的物质待遇。再说，"近之则不逊，远之则怨"，这种语词，显然用于上对下、长对幼、尊对卑，这不适用于孔子对卫灵公家族的评价。

关于第四类解读，将"女子"注释为"汝子"，其依据之一是孔子的时代没有"女子"的说法。这显然与事实不合，在《诗经》《易经》《春秋》《礼记》中，都有"女子"一词，如"乃生女子，载寝之地""女子有行，远父母兄弟"（《诗经》）、"女子贞不字"（《易经》）、"宋芮司徒生女子"（《左传》）、"道路，男子由右，女子由左"（《礼记》），可见"女子"一词周代使用很普遍，或与"男子"对称，或指称"尚未出嫁的女孩子"。在周代，非常注意已婚和未婚的区别，不仅在称呼上严格区别，将"已婚的女性"称为"妇人"，而且在头饰、服装、举止等方面都有严格的区别性规定。其依据之二是《论语》中"女"字大都通假于"汝"（除女乐），如子曰："由也！女闻六言六蔽矣乎？"这里"女"通"汝"。确实当时很多"女"通假"汝"，但是没有"女子"通假"汝子"的，因为"女子"已经普遍用于指称女孩子。这从《论语》中也可以看出，孔子与弟子对话的时候，有时候单用一"女"字来称呼"你"，当孔子称呼"你们这些弟子们"的时候，他用的是"二三子"，而不是"女子"。《左传》《诗经》等亦如此。实际上，春秋战国时代根本没有用"女子"代替"汝子"来称呼"你们"的用法，因为女子一词早已成型，有其特定含义，不可再做二字拆解缀合用。

总之，把"女子"解读为"广大妇女""侍妾下人""南子""弟子"都是成问题的，而把"小人"译为贬义词，这也非事实。概略而言，"小人"在当时有四个用法：（1）地位低的平民百姓，与"君子"相对。如"君子学道则爱人，小人学道则易使"（《论语·阳货》）；（2）道德低的人，与"君子"相对。如"君子固穷，小人穷斯滥矣"（《论语·卫灵公》）。（3）谦称。如鲁哀公问于孔子曰："寡人生于深宫之中，长于妇人之手，寡人未尝知哀也，未尝知忧也，未尝知劳也，未尝知惧也，未尝知危也。"孔子曰："君之所问，圣君之问也，丘，小人也，何足以知之？"（《荀子·哀公篇》）。（4）未成年的子女，特别是未成年的男孩，有时也称为"小子""小儿"，与"大人"（指父亲、长辈、尊者）相对。如"大人之爱小人也，薄于小人之爱大人也；其利小人也，厚于小人之利大人也"（《墨子·大取》）。今天中国很多地方依然喜欢称呼未成年的孩子叫"小人"，不过有时候为了避免误解，常常在后面加上一个儿化音，变成"小人儿"。这4种用法中，只有（2）是贬称，其他多为中性表达。所以，我们不能只要见到"小人"

二字，就断定为"歧视"。

此外，有必要提到的是，在孔子的时代，"养"并不是指普通的人与人"相处"的关系，而是指"抚养""供养""护养""教养"等，常常含有"物质上供给衣食，精神上教养管束"之意，"养"的对象有"自己""家人""家畜""民""士""老者"等，"养"的内容有"品德""食物""财物""土地"等。如："今之孝者，是谓能养，至于犬马，皆能有养，不敬，何以别乎？"（《论语·为政》）这里的"养"指物质供养。又如"立太傅少傅以养之。"（《礼记·文王世子》）这里的"养"就是教养、教育之意，"犹教之"；又如"子谓子产：'有君子之道四焉。其行己也恭，其事上也敬，其养民也惠，其使民也义。'""禹曰：'於！帝念哉！德惟善政，政在养民。'"（《尚书·虞书·大禹谟》）这里的"养"内容就广泛得多。无论物质赡养还是精神养护，"养"的对象常常是当事人道德责任范围之内的人或者物，从这个角度看，孔子对于世上所有的妇女同胞和可恶的小人，并没有"养"的道德责任和义务，又如何发出"难养"之浩叹。

此外，还有必要分析一下"唯A与B"结构。从语词学上分析，这里的A和B应该属于同一纲之下的不同目，而非不相关的语词拼接。如"唯仁与义""唯上智与下愚""唯使君与我"，因此，如果把"女子"译为"妇女"，则"小人"应译为"男人"；如果"小人"指称"道德败坏之男人"，则"女子"当指称"坏女人"，总而言之，这里的A与B应该皆有互补或者对立的关系，属于同一类属，比较合乎语词使用规范。

那么，孔子认为最难养之"女子"和"小人"究竟是谁呢？综合分析，本书认为他们就是"未出嫁的女儿和未成年的儿子"。本章句可以译为："只有未出嫁的女孩子和未成年的男孩子是最难教养的：你对他们亲近了，他们可能会放肆无礼；你对他们疏远了，他们又对你心生怨念。"孔子这种经验和体会，相信每一位家长都感同身受。傅佩荣对此章地理解为："尚未入学的小孩子比较'难养'，大概是每个家庭都有的体认。孔子只是一语道破相关现象的症结而已。"。何止未入学的小孩子，未嫁之女、少不更事之子，都十分难养。

在口语中，父母称尚未婚配的女儿为"女子"，今天如此，古代也如此。如上面提及的"乃生女子，载寝之地""宋芮司徒生女子"，又如"丈夫之冠也，父命之；女子之嫁也，母命之""丈夫生而愿为之有室，女子生而愿为之有家。父母之心，人皆有之"（《孟子·滕文公下》）。父母称未成年特别是10岁以下的男孩为"小人"，古代有，今天也有，其对应的称呼为"大人"，称"父亲"为"大人"，如春秋越国陶朱公让小儿子去救中儿，长子不高兴，说："家有长子曰家督，今弟有罪，大人不遣，乃遗少弟，是吾不肖。"欲自杀。（《史记·越王勾践世家》）。唐朝郭子仪准备冒险赴敌营之际，儿子郭晞"扣马谏曰：'彼，虎狼也；大人，国之元帅，奈何以身为虏饵！'"（《资治通鉴·唐纪》）。从这个角度看，此章句为日常口语，非书面语，女子与小人，在此意义上，符合"唯A与B"结构，适合作为"难养"的对象。

孔子为什么要谈"女子和小人好不好养"的问题呢？可能孔子也为这个问题烦扰。众所周知，孔子儿女双全，20岁生儿子孔鲤，30多岁生女儿，55岁之前，孔子忙于求学、办学、从政，55岁之后离开妻子儿女，周游列国达14年之久，回国之后第二年，儿子就去世了。孔子的一生，与子女相处的时间并不多，像很多工作繁忙、常常出差不能常伴子女的父母一样，孔子可能在教养子女的问题上，在分寸把握、尺度掌握的问题上，感觉难度很大。因此发出"唯女子与小人为难养也，近之则不逊，远之则怨"之叹。言下之意，世界上只有自己的没有出嫁的女儿和少不更事的儿子最不容易教养，如果你对他们太亲近慈爱了，他们就会蹬鼻子上脸，放肆无礼，不知谦逊；如果你对他们太严肃疏远了，他们会难过，心生怨念，所以要想教养好未成年子女，一定要掌握好分寸，远近得宜。所以说育子是门艺术。

教子究竟有多难？请看《孟子·离娄章句上》：

公孙丑曰："君子之不教子，何也？"

孟子曰："势不行也。教者必以正；以正不行，继之以怒；继之以怒，则反夷矣。'夫子教我以正，夫子未出于正也。'则是父子相夷也。父子相夷，则恶矣。古者易子而教之。父子之间不责善。责善则离，离则不祥莫大焉。"

原来"不写作业，母慈子孝；一写作业，鸡飞狗跳"的家教流行剧已经上演了两千多年，古代圣贤确实智慧，两千年前终于解决了这个家教难题，易子而教，善莫大焉。

再看《韩非子·外储说左上》：

曾子之妻之市，其子随之而泣，其母曰："女还，顾反为女杀彘。"妻适市来，曾子欲捕彘杀之。妻止之曰："特与婴儿戏耳。"曾子曰："婴儿非与戏也。婴儿非有知也，待父母而学者也，听父母之教。今子欺之，是教子欺也。母欺子，子而不信其母，非以成教也。"遂烹彘也。

曾妻一句话，八个字，赔上一只猪，教子容易吗？

曾子和孟子是孔子的徒子徒孙，那么孔子又是如何看待和解决这个家教难题的呢？

孔子说："苟有用我者，期月而已可也，三年有成。"治国如此自信，那么家教呢？孔子的回答是：唯女子和小人为难养也。

女子和小人为什么难养？这可能与"亲亲"和"尊尊"不可两全有关。"上治祖祢，尊尊也；下治子孙，亲亲也"（《礼记·大传》），"自仁率亲，等而上之至于祖，名曰轻。自义率祖，顺而下之至于祢，名曰重。"从天然的恩情来说，由父母推及远祖，越来越轻；从义理来说，由远祖到父母，越来越重。所以，子女"尊尊"，应从尊父母开始，以父母为重；父母"亲亲"，应从爱子女开始，以子女为重。父母从天然情感的角度，最为亲爱子女，心心念念皆在子女，以子女为重，极其贴心顺从之能事，可能会陷入溺爱之中，子女本应最为尊敬父母，以父母为重，顺全父母，但是尚未成年，克己复礼的能力不足，很容易冲破"尊尊"的防线，对父母有所不逊；另一方面，父母从理性的角度，为了培养孩子克己复礼的能力，而故意对孩子疏远，表情严肃，态度严厉，则孩子对父母可能"尊尊"有余，而心生敬畏，有所怨念，觉得父母不爱自己。简言之，父母欲教会未成年子女"尊尊"，则子女可能不亲近父母，父母欲教会他们"亲亲"，则子女可能不尊重父母。父母和子女之间，既有融为一体、不分彼此、血浓于水的自然关系，又有上下、尊卑、老幼、师生等社会关系。前者必须近，后者必须远；前者求同，后者求异。有"亲亲"而无"尊尊"，则恃宠而骄，"近之而不孙（逊）"，有"尊尊"而无"亲亲"，则自觉被弃，"远之而怨"。立爱自亲始，父慈才能子孝，故不能不爱；幼而不逊悌，长而无述焉，老而不死，是为贼，故不能不尊。如何教会未成年的孩子"喜怒哀乐之未发谓之中，发而皆中节"，"亲亲""尊尊"兼而有之，这可能是孔子在生活中受困扰的一件难事，也是孔子所要解决的问题。

《春秋》开篇，就记载了一件"近之不孙，远之而怨"的真实故事：郑伯克段于鄢。郑庄公的母亲溺爱小儿子共叔段，不喜欢长子庄公，段在母亲的支持和怂恿下，得寸进尺，为所欲为，最后竟然与母亲勾结，内外呼应，发动叛乱，被庄公追杀。庄公用计灭弟弟之后，对母亲怨恨不已，将母亲赶出家门，发誓"不及黄泉不相见"，后在颍考叔的孝心感召下，母子言和。庄公的母亲对小儿子共叔段过于近，导致其因不逊而丧身，对大儿子郑庄公则过于远，以致其因怨念而痛下杀手。兄弟相残、母子互仇，诚乃人伦之悲、教养之失败。

《春秋》还记载同期卫庄公教子无方的故事：卫庄公溺爱小儿子州吁，一味放纵，州吁恃宠而骄，因骄而狂，最后杀兄自立，由于穷兵黩武，最后被臣下设计所杀。

《左传·隐公三年》有言："爱子，教之以义方，弗纳于邪。骄奢淫逸，所自邪也。"唯女子和小人为难养，那么如何教以义方，达到亲尊合宜、远近得当，变难养为好养呢？我们不妨看看孔子的教子之法。

（一）孔子庭训

陈亢问于伯鱼曰："子亦有异闻乎？"对曰："未也。尝独立，鲤趋而过庭。曰：'学诗乎？'对曰：'未也。''不学诗，无以言。'鲤退而学诗。他日，又独立，鲤趋而过庭。曰：'学礼乎？'对曰：'未也。''不学礼，无以立。'鲤退而学礼。闻斯二者。"陈亢退而喜曰："问一得三：闻诗，闻礼，又闻君子之远其子也。"

此段对话应该发生在孔子周游列国之前，因为陈亢小孔子40岁，小孔鲤20岁，孔鲤没有跟随父亲周游列国，当孔子归来，父子团聚的时候，孔鲤48岁陈亢28岁，不可能有此对话。陈亢与孔鲤的这段对话透露出四个信息：

1.孔子亲自教子。陈亢问孔鲤有没有和自己学的不一样，孔鲤说没有。就是说，孔子没有为孔鲤请傅保，也没有把儿子送到官学，也没有易子而教，而是让他和众弟子一起在家里学习，由孔子亲自教导，从这个角度讲，孔鲤也是孔子的弟子之一。

2.在孔子的教养下，孔鲤品行甚好，为人非常谦逊。陈亢小孔鲤20岁，出于年幼好奇，向孔鲤莽撞提问，孔鲤既没有因为陈亢太小而不屑回答，也没有因其莽撞而生气，而是认真耐心地如实回答，口口声声谦辞"鲤"，其为人之忠厚，其教养之好，可见一斑。

3.孔子对孔鲤和其他弟子一视同仁，没有特别照顾。孔子的小弟子陈亢怀疑孔子对孔鲤有私相授受，于是问孔鲤，孔鲤如实回答：自己曾经受到两次独有的庭训，庭训的情境究竟如何？钱穆做了描述：孔子独立在堂上，孔鲤在中庭趋过，孔子问孔鲤答，然后孔鲤退后学习。此情此景，貌似孔鲤趁父亲难得有单独的机会，见缝插针，主动跑来找父亲开小灶。钱穆的描述存在三方面的疑问，其一，如果孔子当时在堂上，那么就不会是"尝独立"，而是"尝独坐"，立于庭，坐于堂，比较合理。既然是"尝独立"，那么孔子当时应该独立于庭。其二，如果孔子在堂，对孔鲤训话，那么就不叫"庭训"而叫"堂训"，但是后人把孔子训子的佳话誉为"庭训"，并用来美称所有父亲对孩子幼时之教导。如葛洪在《抱朴子》中，称自己"年十有三，而慈父见背，夙失庭训"等等。所以，故事的发生地应在庭中而不是堂上。其三，孔鲤作为孔子的独子，有得天独厚的机会，如果能够做到如此见缝插针式的好学好问，那么终其一生，又岂会学术和仕途都平平，与其他弟子相形见绌！综合这三个疑问，以下情景也许更切实：一次，孔鲤经过庭院的时候，突然发现父亲独自一人站在庭院之中，孔鲤不敢打搅父亲，赶紧快步走过庭院（"趋而过庭"），却听见父亲问道："你学诗了吗？""还没有。""不学诗，就不会讲话。"孔鲤于是退下，回去学诗了。还有一次，同样如此，不过这次是让孔鲤学礼，因为"不学礼，就不会立身处世"，于是孔鲤退下学礼。

　　4.孔子远其子，其子不怨。陈亢听完孔鲤的话，得到三个收获：闻诗、闻礼、君子远其子。孔鲤看到父亲，并没有趋而近之，而是两度"趋而过庭"，足见其对父亲"敬而远之""畏而避之"的心态。从二人对话看，孔子主动发问，孔鲤被动应答，问者其情殷殷，答者其心谨谨，亲近而不亵玩，相远而不失关切。寥寥数语，直抵学之精华。"不学诗，无以言""不学礼，无以立"。《诗》《礼》为立身处世之基，不可不学。若无亲爱之心，何有庭训，但亲近有度，爱而不溺；若不远其子,岂会"趋而过庭",但远而不离,亲自教子。可以说,孔子对孔鲤的教养,真正做到了"近而有逊,远而不怨",远不失其爱,近不失其恭,堪为教子的典范。

(二)伯鱼止哭

伯鱼之母死,期而犹哭。夫子闻之,曰:"谁与哭者?"门人曰:"鲤也。"夫子曰:"嘻!其甚也。"伯鱼闻之,遂除之。——《礼记·檀弓上》

伯鱼与母亲感情深厚,母亲逝世满一年以后,依然穿孝服,整日哭泣。依照周礼,母亡父在,丧礼为一年,所以孔鲤的行为已经违背了礼制,但是孔鲤过于悲痛而不能自知。孔子听见孔鲤的哭声,没有义正词严的批评,也没有听之任之的同情,而是问门人:"是谁在哭?"门人说:"是孔鲤。"孔子说:"嘻,其甚也。""嘻"是哀痛发出的声音,"其甚也"提醒孔鲤行为已经过分啦。伯鱼听后,就不哭了。因为父亲痛苦的声音,让他体谅到父亲的痛苦感受和礼制的相关规定,要做到哀而不伤身,爱而不失礼,就不能再哭了。

(三)孔子葬子

颜渊死,颜路请子之车以为之椁。子曰:"才不才,亦各言其子也。鲤也死,有棺而无椁。吾不徒行以为之椁。以吾从大夫之后,不可徒行也。"

孔子周游列国归来前一年,妻子去世了;他归来之后第二年,唯一的儿子孔鲤也去世了,风烛残年,相继失去亲人,其悲痛可想而知。次年他最挚爱的弟子颜回逝世,孔子哭之恸,说:"噫!天丧予!天丧予!"但是当颜回的父亲请求孔子用他的车子为颜回做棺椁的时候,孔子拒绝了,说自己的儿子孔鲤埋葬的时候,都没有棺椁。因为自己是大夫,依照礼制,不能没有马车。言下之意,我都没有给自己的儿子用，又如何给你的儿子呢。人皆知孔子爱颜回，实则孔子更爱孔鲤。孔子为什么不为孔鲤和颜回做棺椁，难道真的是因为孔子舍不得马车吗？不是。真正的原因是孔子知道孔鲤和颜回皆为克己复礼之人，不希望他们死后逾礼。因为依照周礼，"古之丧礼，贵贱有仪，上下有等。天子棺椁七重，诸侯五重，大夫三重，士再重。"（《庄子·杂篇·天下》）士以上才有棺有椁，颜回和孔鲤都是平民身份，按照礼制，不应该有椁。孔子作为父亲，坚决不让儿子越礼，葬子有棺无椁，但是颜回被门人逾礼厚葬，对此，孔子说："回也视予犹父也，予不得视犹子也。非我也，夫二三子也。"在孔子看来，父之慈与子之孝，都要依礼而行，即"生，事之以礼，死，葬之以礼，祭之以礼"。"礼，与其奢也，宁俭；丧，与其易也，宁戚"，爱子不可奢侈，葬子不要逾礼。

（四）孔子嫁女

古代女子最重要的事情就是婚嫁。孔子有一女，婚嫁之前孔子是如何对她进行教养，目前没有资料，我们无从得知，但是《论语》有一章句，谈到其婚嫁：

子谓公冶长："可妻也。虽在缧绁之中，非其罪也。"以其子妻之。

孔子弟子三千，圣贤七十二，为什么偏偏把女儿嫁给了表现平平、甚至在缧绁之中的公冶长，实在令人费解。东汉王充在《论衡·问孔》对此进行问难：

问曰：孔子妻公冶长者，何据见哉？据年三十可妻邪，见其行贤可妻也？如据其年三十，不宜称在缧绁；如见其行贤，亦不宜称在缧绁。何则？诸入孔子门者，皆有善行，故称备徒役。徒役之中无妻，则妻之耳，不须称也。如徒役之中多无妻，公冶长尤贤，故独妻之，则其称之宜列其行，不宜言其在缧绁也。何则？世间强受非辜者多，未必尽贤人也。恒人见枉，众多非一，必以非辜为孔子所妻，则是孔子不妻贤，妻冤也。案孔子之称公冶长，有非辜之言，无行能之文。实不贤，孔子妻之，非也；实贤，孔子称之不具，亦非也。诚似妻南容云：国有道不废，国无道免于刑戮，具称之矣。

孔子嫁女俨然成谜。孔子这段话充满玄机，如果我们咏读三遍，会不会从中读出一丝无奈和包容？这会不会是孔子的女儿与公冶长自由恋爱，向母亲坦白，母亲不敢答应，去征求父亲意见，孔子为此做出的答复呢？虽然公冶长不是孔子的最佳女婿人选，可是既然木已成舟，也就顺水推舟，把女儿嫁给公冶长。相较于孔子之嫁侄女，"子谓南容：'邦有道，不废；邦无道，免于刑戮。'以其兄之子妻之。""南容三复白圭，孔子以其兄之子妻之。"味道大为不同，嫁侄女满心欢喜，嫁女儿虽心有无奈，但还是予以尊重。

从孔子与其子女之间发生的二三事，我们可以推想到，在孔鲤成年之前、孔女出嫁之前，孔子曾经为子女"近之而不逊，远之而怨"的"难养"问题所困扰，孔鲤"趋而过庭"、孔女择"缧绁之婿"，似乎都是早年"难养"结出的果，但是孔子后来为我们探索出"好养"之道。那就是"亲亲而礼教"，以礼待之，以礼教之，以礼养之。

育子非小事，育子亦有道。据《说苑》载，孔子指出"行身有六本，本立焉，然后为君子"，其中，"居国有礼矣，而嗣为本"，"反本修迹，君子之道也"，育子是关涉君子行身、治国安邦的大事。"天之所生，地之所养，莫贵乎人人之道，莫大乎父子之亲，君臣之义；父道圣，子道仁，君道义，臣道忠。"天地之间，人道为贵，人道亲亲也。有父子而后有君臣，育子最重要，"贤父之于子也，慈惠以生之，教诲以成之，养其谊，藏其伪，时其节，慎其施；子年七岁以上，父为之择明师，选良友，勿使见恶，少渐之以善，使之早化。"一定要根据小孩子成长的不同阶段，循序渐进，"弟子入则孝，出则弟，谨而信，泛爱众，而亲仁，行有余力，则以学文"。厚植仁爱孝弟之心，学

《诗》《礼》《书》《乐》《易》《春秋》之文，行亲亲仁民爱物之举、践子子臣臣之礼。

孔子教养子女的理论和实践对中国家庭教育产生了重要影响，"幼承庭训"成为有教养家庭的温馨回忆，"慈严合一"成为育子的共识。颜之推所言："父子之严，不可以狎；骨肉之爱，不可以简。简则慈孝不接，狎则怠慢生焉。"可以说是对"唯女子与小人为难养也，近之则不逊，远之则怨"的最好注脚，而朱熹《朱子治家格言》中："子孙虽愚，经书不可不读。居身务期质朴，教子要有义方。""听妇言，乖骨肉，岂是丈夫？"这些教诲可以说是对孔子育子法的继承和延续。而颜之推以下之警告，值得今之教子困难者警醒："吾见世间无教而有爱，每不能然，饮食运为，恣其所欲，宜诫翻奖，应呵反笑，至有识知，谓法当尔。骄慢已习，方复制之，捶挞至死而无威，忿怒日隆而增怨，逮于成长，终为败德。"教妇初来，教儿婴孩，要从幼小抓起，爱之有度，教之有礼，"少成若天性，习惯如自然"。

总之，"唯女子与小人为难养也，近之则不逊，远之则怨"，绝非歧视女性之语，而是感叹教养未嫁之女和懵懂之子之困难，孔子作为教育家，既指出育子之难，又为我们解决育子问题提出理论和实践的指导。这种教导用现代语词讲就是："爱他（她），就把他（她）培养为君子吧！"用曾参的话来说就是："君子之爱人也以德，细人之爱人也以姑息"（《礼记·檀弓》），依《格言联璧》所言，则"子弟有才，制其爱，毋弛其诲，故不以骄败；子弟不肖，严其诲，毋薄其爱，故不以怨离。雨泽过润，万物之灾也；恩宠过礼，臣妾之灾也；情爱过义，子孙之灾也。安详恭敬，是教小儿第一法；公正严明，是做家长第一法。"

参考文献：

[1] 蔡尚思.论语·名著名家导读[M].成都：巴蜀书社，1996：34.

[2] 李零.丧家狗——我读〈论语〉[M].太原：山西人民出版社，2007：309.

[3] 李泽厚.论语今读[M].天津：天津社会科学院出版社，2008：309.

[4] 杨伯峻.论语译注[M].北京：中华书局，1980：191.

[5] （南宋）朱熹.论语集注[M].济南：齐鲁书社，1992：183.

[6] （明）张居正.论语别裁[M].西安：陕西师范大学出版社，2007：282.

[7] 钱穆.论语新解[M].北京：生活·读书·新知三联书店，2002：335.

[8] 杨子彬.孔子鄙视妇女吗？[J].国学论衡，2002（2）：379—405.

[9] 吴正中，于淮仁."唯女子与小人为难养也"新解——为孔子正名[J].甘肃社会科学，1999（5）：28—29.

[10] 金池.论语新译[M].北京：人民日报出版社，2005：205.

[11] 傅佩荣.傅佩荣〈论语〉心得[M].合肥：黄山书社，2009：11.

[12] （春秋）孔子.论语[M].长沙：岳麓书社，2000：174，162.

[13] （北齐）颜之推.颜氏家训[M].北京：中华书局，2007：11.

第五章　周游列国，孔子不是"丧家狗"

一、孔子与"丧家狗"之由来

小时候爱看《西游记》，长大喜读《论语》，虽然一个是佛家的故事，一个是儒家的经历，但是心灵上相通，唐僧师徒历经九九八十一难，终于到西天取得真经，普度众生，免于苦难；孔子师徒一行，辗转于诸国，历经 14 年，最后回到故土，而后乐正，《雅》《颂》各得其所。"礼乐自此可得而述，以备王道，成六艺"。故事都很精彩，但是唐僧一行从西天取来的真经对我们中国人的成长来说，影响甚微，而孔子一行贡献给我们的六艺却深刻地熏陶出中国人的品位、中华民族的风骨和中华文化的特质。不仅如此，孔子师徒周游列国之慷慨悲歌也在此后每一个礼崩乐坏的时代，在中华大地上一再上演，西南联大的刚毅卓绝、红军二万五千里的悲壮长征的身影背后，都闪烁着两千多年前孔子师徒同样的光芒，迸发出同样的吼声：救中国，救人类。

但是，2007 年李零先生出版的大作《丧家狗：我读论语》却让人如鲠在喉，很不舒服。在书中，他说："孔子不是圣，只是人，一个出身卑贱，却以古代贵族（真君子）为立身标准的人；一个好古敏求，学而不厌、诲人不倦，传递古代文化，教人阅读经典的人；一个有道德学问，却无权无势，敢于批评当世权贵的人；一个四处游说，替统治者操心，拼命劝他们改邪归正的人；一个古道热肠，梦想恢复周公之治，安定天下百姓的人。他很恓惶，也很无奈，唇焦口燥，颠沛流离，像条无家可归的流浪狗。读他的书，既不捧，也不摔，恰如其分地讲，他是个堂吉诃德。"说孔子像条无家可归的丧家狗，这还是客气的，后面几乎直接就封他为丧家狗了，因为"任何怀抱理想，在现实世界找不到精神家园的，都是丧家狗"。这正是挥笔如剑，剑剑见骨，孔子师徒周游列国之高歌凯进，在这里立刻转换为大战风车的堂吉诃德，幻化为一群丧家狗流浪于中原大地。手法之巧妙，正如陈明对该书所做的结构性分析：作家的文采＋训诂学家的眼界＋愤青的心态，称之为"学界的王小波或王朔"，可谓精准。

孔子何以与"丧家狗"发生关联？有五个史料为证，

其一是《孔子家语·困誓》：孔子适郑，与弟子相失，独立东郭门外。或人谓子贡曰："东门外有一人焉，其长九尺有六寸，河目隆颡，其头似尧，其颈似皋陶，其肩似子产，然自腰已下，不及禹者三寸，累然如丧家之狗。"子贡以告，孔子欣然而叹曰："形状，末也。如丧家之狗，然乎哉！然乎哉！"

其二为《韩诗外传·卷九》：孔子出卫之东门，逆姑布子卿，曰："二三子引车避。有人将来，必相我者也。志之。"姑布子卿亦曰："二三子引车避。有圣人将来。"孔子下步，姑布子卿迎而视之五十步，从而望之五十步，顾子贡曰："是何为者也？"子贡曰："赐之师也，所谓鲁孔丘也。"姑布子卿曰："是鲁孔丘欤？吾固闻之。"子贡曰："赐之师何如？"姑布子卿曰："得尧之颡，舜之目，禹之颈，皋陶之喙。从前视之，盎盎乎似有王者。从后视之，高肩弱脊，此惟不及四圣者也。"子贡吁然。姑布子卿曰："子何患焉？污面而不恶，葭喙而不藉，远而望之，赢乎若丧家之狗。子何患焉！子何患焉！"子贡以告孔子。孔子无所辞，独辞丧家之狗耳，曰："丘何敢乎？"子贡曰："污面而不恶，葭喙而不藉，赐以知之矣。不知丧家狗，何足辞也？"子曰："赐，汝独不见夫丧家之狗歟？既敛而椁，布器而祭。顾望无人，意欲施之。上无明王，下无贤士方伯。王道衰，政教失，强陵弱，众暴寡，百姓纵心，莫之纲纪。是人固以丘为欲当之者也，丘何敢乎？"

其三为《史记·孔子世家》：孔子适郑，与弟子相失，孔子独立郭东门。郑人或谓子贡曰："东门有人，其颡似尧，其项类皋陶，其肩类子产，然自要以下，不及禹三寸，累累若丧家之狗。"子贡以实告孔子。孔子欣然笑："形状，末也；而谓似丧家之狗，然哉！然哉！"

其四为《论衡·骨相》：孔子适郑，与弟子相失，孔子独立郑东门。郑人或问子贡曰："东门有人，其头似尧，其项若皋陶，肩类子产。然自腰以下，不及禹三寸，傫傫若丧家之狗。"子贡以告孔子，孔子欣然笑曰："形状未也。如丧家狗，然哉！然哉！"

其五为《白虎通义·卷八》：夫子过郑，与弟子相失，独立郭门外。或谓子贡曰："东门有一人，其头似尧，其颈似皋陶，其肩似子产，然自腰以下，不及禹三寸，偏偏如丧家之狗。"子贡以告孔子，孔子喟然而笑曰："形状，末也，如丧家之狗，然哉乎，然哉乎！"

第一、三、四、五条史料高度类似，可信度较高，其描绘的情景如下：大约公元前492年即鲁哀公三年，孔子时年六十，在经历了鲁国君臣背叛而导致改革失败之后，又因为与卫灵公话不投机，悄然离去，在宋国却遭到司马桓魋谋杀未遂，一行人匆匆来到郑国，不幸走散，孔子孑然一人，独立于外城东门，等待弟子们。子贡向郑国人打听孔子的下落，郑国人用四位圣贤来描述孔子的长相，用"累累如丧家之狗"来描述孔子当时的样态，子贡据此找到孔子，并将郑国人的话告诉孔子，孔子闻之大笑，说："说我长得像四位圣贤，这不敢当，但是说我当时的样子像丧家之狗，对呀，对呀。"

从以上五段史料，可以看出来，"丧家之狗"是一位陌生的郑国人对孔子当时神态的描述，孔子对此予以笑纳。显然，"丧家之狗"并不是对孔子周游列国的 14 年整个行为的总体描述，而只是对孔子在郑国郭东门等弟子时那一时神态的描述，"累累如丧家之狗"，"如丧家之狗"是对"累累"的逼真描述，这里重点在"累累"而不是"丧家之狗"，所以我们实在无法依据这些史料得出诸如孔子周游列国如丧家之狗，更不能得出孔子就是丧家之狗的奇谈怪论。

孔子在此何以如丧家之狗？原因有三：一者切合实际情况，孔子当时的样子确实与丧家之狗有可比之处：孤身、疲惫、东张西望。孔子对任何真话、实话都心无顾忌，坦诚以纳。二者这符合孔子对民众的一般态度。孔子对普通民众秉持"人不知而不愠""不患莫己知，求为可知也"的开放包容的友善态度和谦虚好学的风格，如有人因为他入太庙，每事问，而嘲笑他不知礼，他回答道："是礼也。"达巷党人笑他博学而无所成名，孔子回答是："吾何执？执御乎？执射乎？吾执御矣。"坦诚以对，谦虚以对，这就是孔子对于民众评论的基本风格。所以孔子对于郑国人的夸赞以谦语对之，对郑国人的喻语以善意对之。三者，这符合孔子与弟子的交谈方式，幽默而不失礼是孔子与弟子的相处方式之一。虽然后来的帝王们把孔子塑造得森严而高远，其实从《论语》可知，孔子与弟子们亲如家人，孔子平易近人、幽默风趣，很会自我调侃，也会自我解嘲，更会一笑化解。孔子善于将悲观主义和失败主义情绪引导转化为乐观主义和胜利主义信念，在经历了"匡人其如予何""桓魋其如予何"的信念教育之后，调侃如丧家之狗，谈笑一语间，轻松化解大家的压力。正如后来困于陈蔡之间，孔子召开座谈会，在颜渊回答以后，欣然而笑曰"有是哉，颜氏之子，吾亦使尔多财，吾为尔宰"，此笑与彼笑，有异曲同工之妙。

二、孔子与周游列国

李零把孔子周游列国描述为"四处游说，替统治者操心，拼命劝他们改邪归正"的"很恓惶，也很无奈，唇焦口燥，颠沛流离，像条无家可归的流浪狗"的痛苦经历，并认为这是所有"怀抱理想，在现实世界找不到精神家园的"人所共同的精神体验。诚然，当李零先生这样写的时候，是把自己的情感投射到孔子之中，对孔子是抱有同情的，是借孔子之酒杯，浇心中之块垒。但是，这是真的孔子吗？这是对周游列国的真实描述吗？这个问题值得讨论。

（一）周游列国目的何在？

有必要说明一下，据载，最早用"周游列国"这个词来描述孔子师徒一行离开鲁国到卫国等诸多国家觅君行道的过程，是明代的冯梦龙，他在《东周列国志》第七十八回中写到："（孔丘）有圣德，好学不倦，周游列国，弟子满天下，国君无不敬慕其名，而为权贵当事所忌，竟无能用之者。"在此之前，人们多用"周流"这个词来表达。如《吕氏春秋·孝行览》载："孔子周流海内，再干世主，如齐至卫，所见八十余君。"西汉《盐铁论》载："是以尧忧洪水，伊尹忧民，管仲束缚，孔子周流，忧百姓之祸而欲安其危也，是以负鼎俎、囚拘、匍匐以救之。"指出孔子之周流诸国，意在拯民于水火。刘向《说苑·至公》有"孔子怀天覆之心，挟仁圣之德，悯时俗之污泥，伤纪纲之废坏，服重历远，周流应聘，乃俟幸施道，以子百姓，而当世诸侯莫能任用，是以德积而不肆，大道屈而不伸，海内不蒙其化，群生不被其恩"，东汉《白虎通义》记载"孔子居周之末世，王道陵迟，礼义废坏，强陵弱，众暴寡，天子不敢诛，方伯不敢伐。闵道德之不行，故周流应聘，冀行其道德。自卫反鲁，自知不用，故追定《五经》以行其道"，认为孔子周流应聘，目的在于得君行道。王充在《论衡》中多次提及孔子"周流应聘"。总之，在秦汉学者看来，孔子周流应聘于列国，以求得君行道。那么，周流与周游有何不同？周游有四处游玩之意，有到处游说之意；周流有遍及各地之意，比较中性。孔子一行，即非游玩之轻松，亦无游说之事实。孔子应诸侯之所聘，温良恭俭让以知政，笃信好学，守死善道，危邦不入，乱邦不居，天下有道则见，无道则隐，从无主动游说之举，常有不合而迁之行，故称之为"周流诸国"更合宜。但是尊重习惯，这里依然用"周游列国"以表之，但需知此"游"非"游玩"、非"游说"也。

公元前498年孔子师徒多人离开鲁国，开始了长达14年的周游列国历程。当时孔子已经是54岁的垂垂老者（从鲁襄公34岁、鲁昭公51岁、孔鲤50岁、颜回37岁的寿命看，当时54岁已为不易），主动放弃鲁国的大司寇兼国相的高官（位列上卿，在当时讲究世卿世禄的春秋时代，对于孔子这种布衣出身的人来说，可以说已经达到权力的最高峰了），他的弟子们也放弃了在鲁国安稳的生活和难得的官职，别家离子，与孔子一起踏上茫茫不可知的异国他乡，究竟所为何来？根据各种材料分析，我认为目的有四：

1. 从学。孔子十有五而志于学，终身学不厌。但是学习需要文献，文者，典籍也；献者，贤人也。孔子年轻的时候就曾经到东周首都洛阳寻求文献，但是孔子发现很多文献已经散落到诸国，如礼，"夏礼吾能言之，杞不足征也；殷礼吾能言之，宋不足征也。文献不足故也。足则吾能征之矣。"如乐，"太师挚适齐，亚饭干适楚，三饭缭适蔡，四饭缺适秦，鼓方叔入于河，播鼗武入于汉，少师阳、击磬襄入于海。"礼失求诸野，周游列国，孔子师徒可以师贤问学，搜罗文献，学习到更准确、更完整的礼乐等制度，为复周礼、兴东周打下基础。卫国公孙朝问于子贡曰："仲尼焉学？"子贡曰："文武之道，未坠于地，在人。贤者识其大者，不贤者识其小者，莫不有文、武之道焉，夫子焉不学？而亦何常师之有？"孔子之所严事：于周则老子；于卫，蘧伯玉；于齐，晏平仲；于楚，老莱子；于郑，子产；于鲁，孟公绰。"从这个角度看，孔子师徒周游列国的过程，也是"学而时习之，不亦乐乎"的学术考察和学仁习礼的过程，孔子师徒俨然一个在列国之中穿梭的国际游学团队。

2. 从教。在孔子看来，性相近，习相远。人皆有"六言六蔽"，即"好仁不好学，其蔽也愚；好知不好学，其蔽也荡；好信不好学，其蔽也贼；好直不好学，其蔽也绞；好勇不好学，其蔽也乱；好刚不好学，其蔽也狂。"唯有通过学习，明正道，修己德，才能成长为一个完全的人。作为老师，就要有教无类，成人之美，毋成人之恶，如此则小人日少，君子日多，"善人教民七年，亦可以即戎矣"，以教育救民，以教育致太平，是孔子师徒的信念和选择。孔子认为："文王既没，文不在兹乎？"自己既然掌握了尧舜禹汤文武周公所开创出来的人间正道，就要义不容辞，教好每一个愿意来学的学生，无论他是来自哪个国家、多大年龄、出身如何、贫富如何。在鲁国改革失败以后，孔子师徒走出国门，将课堂开到诸国，开到田野，传道授业解惑，教不倦，"有朋自远方来，不亦乐乎"。从这个角度看，周游列国的过程，也是一个教育团队不断壮大的过程。

3. 从政。公元前502年，孔子50岁，鲁国陪臣阳货执国政，阳货欲见孔子，孔子不见，归孔子豚。孔子时其亡也，而往拜之。遇诸涂。谓孔子曰："来！予与尔言。"曰："怀其宝而迷其邦，可谓仁乎？"曰："不可。""好从事而亟失时，可谓知乎？"曰："不可！""日月逝矣，岁不我与！"孔子曰："诺；吾将仕矣。"同年，公山弗扰以费畔，召，子欲往。子路不说，曰："末之也已，何必公山氏之之也？"子曰："夫召我者，而岂徒哉？如有用我者，吾其为东周乎？"国家的动荡、政治的混乱以及阳货的质问和对自身治国理念的信心，激发了孔子从政的强烈意愿和高度责任心，孔子"五十而知天命"，在拒绝了阳货和公山之后，第二年孔子始出仕，为鲁国中都宰，其后，修德以俟明君得位行正道一直是孔子师徒的优先选项。孔子认为"政者，正也"，"举直错诸枉，能使枉者直；以枉置诸直，能使直者枉"，政治的优劣直接关系到社会的好坏，苛政猛于虎，"不仕无义……君子之仕也，行其义也"，"诵《诗》三百，授之以政，不达；使于四方，不能专对；虽多，亦奚以为？"所以，学而优则仕，仕而优则学。当官不为稻粱谋，有位方能天下安。有德有能者应该理直气壮地谋求官职，改变政治。孔子坚信通过长期的学习和思考，自己已经掌握了拯救国家和社会的正确理念和方法，"苟有用我者，期月而已可也，三年有成"。当这个梦想在鲁国破灭以后，孔子师徒毫不犹豫地抛弃了有名无实的官位，周游列国，辗转诸君，以求有位配德，有官行志，实现治国平天下的梦想。在这个意义上，孔子师徒之周游列国，谱写了一曲为理想而不懈奋斗的政治改革家和社会改良者的慷慨悲歌。

4. 从述。从宣讲理念之述到著书立说之述。通过努力学习，孔子到 40 岁的时候，已经掌握了系统周全的治国安邦的理念，孔子对此非常自信，但是他只停留在"修己以敬""修己以安人"的阶段，而忽视了道德伦理只有转化为政治制度、内在思想需要转化为外在实践，才能有效地改变现实社会，实现"修己以安百姓"，直到 50 岁，孔子感应天命的号召，决定出来从政，但是在鲁国从政并不顺利，对理念的自信和对鲁国的不满，他决定"不患人之不己知""求为可知也"，周游列国，四处宣讲理念，去寻找能够实现自己理念的明君和国家，甚至不惜"乘桴浮于海"，但是在费尽口舌向君王、向大夫、向民众甚至向隐士宣讲自己的治国安邦理念之后，孔子发现君主只是把自己作为一个装点门面的摆设而已，理念没有落地生根的土壤。怎么办？对时人君王失望，但是绝不对理念绝望，在失望的基础上孔子走上"述而不作"的道路，将希望托之于文化典籍，付之于来者，焉知来者不如今？这就是孔子整理创造六艺、熏养后生的原因。孔子序《书传》、著《春秋》，极有可能始于"畏于匡""逐乎宋、卫"之际，此时孔子60岁。

子畏于匡，曰："文王既没，文不在兹乎？天之将丧斯文也，后死者不得与于斯文也；天之未丧斯文也，匡人其如予何？"

子曰："天生德于予，桓魋其如予何？"

子曰："加我数年，五十以学易，可以无大过矣。"

子曰"弗乎弗乎，君子病没世而名不称焉。吾道不行矣，吾何以自见于后世哉？"

孔子六十而耳顺，对时人君王不再寄予厚望，孔子更多地致力于让"后死者与闻斯文""后世见吾道"，他述而不作，将尧舜禹汤文武周公等所开创的斯文斯道写下来，以成六艺之著，通过儒士的不断宣传、不懈实践，日积月累，最终化为现实。60岁的孔子实现了由政治变革家到文化大成家的转变。在此意义上，孔子师徒之周游列国，是一个中华文化由碎片而完整、由杂乱而系统、由萌芽而成熟的建构过程。众所周知，至深至久地影响中国长达两千多年、真正形塑中华文化独特性的，正是始于孔子周游列国之际所述而不作的"六艺"。

（二）周游列国实况如何？

孔子周游列国真的如丧家狗一般的悲惨和沮丧吗？其实不然，实况可以一句话概括：痛并快乐着。

1.周游列国之前，鲁国权臣季桓子有忏悔，无挽留。孔子离开鲁国，季桓子知道后，深以为悔，但是不曾亲自追回，直到逝世之前，才嘱咐儿子请回孔子。孔子离开鲁国，非孔子之罪，乃季桓子之过，故孔子并非为鲁国所放逐，孔子在鲁国的待遇没有取消，孔子的身份没有改变，所以孔子周游列国，无论如何艰难，皆享受大夫之牛车待遇，既然鲁国的大门一直向孔子敞开，那么孔子岂为无路可走之丧家狗，而乃追求理想之雄鹰。

2. 周游列国之中，孔子一行受礼遇，有仕途。司马迁说："孔子明王道，干七十余君，莫能用。"班固说：孔子"应聘诸侯，以答礼行谊。西入周，南至楚，畏匡厄陈，奸七十余君。"如卫灵公亲迎孔子，奉粟六万，但是好听谮言，反复无常；问伐蒲，虽言善，不纳谏；好兵不好礼，好色不好德，非同道中人。如在陈国，虽有问，无关政，楚昭公贤，聘孔子，欲以书社地七百里封孔子，却不幸早卒。"孔子有见行可之仕，有际可之仕，有公养之仕。于季桓子，见行可之仕也；于卫灵公，际可之仕也；于卫孝公，公养之仕也。"这些君主大臣虽然给予孔子师徒很好的礼遇，但是徒慕其名，不用其道，孔子最终还是决定回到鲁国。

3. 周游列国也是险象环生，拘于匡、困于蒲、厄于陈蔡之间，但是每一次苦难都是孔门师徒精神的一次洗礼和升华，斯文在斯，"匡人其如予何？""天生德于予，桓魋其如予何？""要盟，神不听"，明天命，知权变，习礼学乐，弦歌不绝，学而时习之，不亦说乎？朋友自远方来，不亦乐乎？人不知而不愠，不亦君子乎？君子固穷，小人穷斯滥，周游列国归来，弟子多成君子。

4. 周游列国也是挑战各种思想诱惑、坚定理想意志的过程。荷蒉之讥、楚隐之讽，各言尔志，旷野问道，在考验中，孔子师徒智益进、仁益厚、勇益大。孔门英才辈出，孔门十杰——德行：颜渊，闵子骞，冉伯牛，仲弓。言语：宰我，子贡。政事：冉有，季路。文学：子游，子夏——皆从孔子周游列国。

（三）周游列国收获如何？

周游列国结果如何？简言之，周游列国之前，孔子是夫子；周游列国之后，孔子是圣人。夫子只是弟子之师，圣人是万民之师，金声而玉振。"集大成也者，金声而玉振之也。金声也者，始条理也；玉振之也者，终条理也。始条理者，智之事也；终条理者，圣之事也。"

1.周游列国是王道益明、思想愈成的过程。子贡曾经将孔子比喻为良医，周游列国就是良医行医的过程。孔子到达各国，温良恭俭让以得各国之政，介入各国之政，如良医接触到各类病例，治疗各种疾病，终于医术大成。孔子周游列国归来，思想体系大成，自信"苟有用我者，期月而已可也，三年有成"。孔子以一介布衣，而被后世尊奉为万世师表，骄横如帝王，傲慢如大哲者，无不跪拜于前，绝非孔子有何权势熏人，实乃服膺于孔子智慧之力量，德性之力量，王道可救世，王德可安民。

2.周游列国是木铎振鸣、儒风流播的过程。

仪封人见孔子，出曰："二三子何患于丧乎？天下之无道也久矣，天将以夫子为木铎。"

木铎者何？铎，大铃也。军法五人为伍，五伍为两，两司马执铎。（《说文》），木铎，即以木为舌的大铃，铜质，古代宣布政教法令时，巡行振鸣以引起众人注意，木铎比喻宣扬教化的人。孔子说君子之德风，小人之德草，风过草必偃。孔子师徒所到之处，皆是儒风流播之处，文以化之，成人之美。上至君王，下至鄙民，无不闻之而变。追随者日众，渐成儒学之显学。

3.周游列国是集前贤之精华，而后萃成六艺，礼乐重建的过程。六艺本为小六艺，即周王官学要求学生掌握的六种基本才能：礼、乐、射、御、书、数。出自《周礼·保氏》："养国子以道，乃教之六艺：

一曰五礼，二曰六乐，三曰五射，四曰五驭，五曰六书，六曰九数。"孔子将小六艺发展为大六艺，以《诗》《书》《礼》《乐》《易》《春秋》教万民，上学而下达。孔子之时，礼乐废，孔子追迹三代之礼，序《书传》，纂《礼记》，孔子自卫返鲁，然后乐正，雅颂各得其所，礼乐以成；古者诗三千余篇，杂乱而无灵魂，孔子以"思无邪"为指导思想，去其重，取可施于礼义，择三百五篇，皆弦歌之，以求合《韶》《武》《雅》《颂》之音，礼乐自此可得而述。《易》本卜卦之书，孔子发掘其灵魂，序《彖》《系》《象》《说卦》《文言》，点石成金，画龙点睛，成养智之书。《春秋》本各国所有，记君主之事之言，不过断烂朝报而已，孔子因史记作《春秋》，据鲁，亲周，故殷，运之三代，约其文辞而指博，笔则笔，削则削，以绳当代，以喻后人，故乱臣贼子惧，正人君子喜，君子之德昌，小人之德靡。六艺如六味真药，医世病，养人心，化成天下。故"入其国，其教可知也。其为人也，温柔、敦厚，《诗》教也；疏通、知远，《书》教也；广博、易良，《乐》教也；絜静、精微，《易》教也；恭俭、庄敬，《礼》教也；属辞、比事，《春秋》教也。故《诗》之失愚，《书》之失诬，《乐》之失奢，《易》之失贼，《礼》之失烦，《春秋》之失，乱，其为人也。温柔、敦厚而不愚，则深于《诗》者也；疏通、知远而不诬，则深于《书》者也；广博、易良而不奢，则深于《乐》者也；絜静、精微而不贼，则深于《易》者也；恭俭、庄敬而不烦，则深于《礼》者也；属辞、比事而不乱，则深于《春秋》者也"（《礼记·经解》）。

孔子师徒周游列国不仅不可以丧家狗之喻，亦不可与堂吉诃德混同。美国汉学家顾立雅在其著作《孔子与中国之道》（大象出版社）第57页中写到："有一种说法是，把孔子（表面上一事无成）周游列国比作那位枪挑风车的受人欢迎的拉曼查骑士的四处周游。但是，如果加以认真思考，其间却有根本的不同。堂吉诃德是过去的回声，他模仿的是奄奄一息的游侠骑士的冒险周游。孔子是未来的先知，他的哲学旅程虽然看上去无所成就，但却变成了接下来的几个世纪的思想和政治模式。堂吉诃德依仗着滑稽的骑士精神的周游，敲响了他所倾心的骑士时代的丧钟；而孔子则通过在他的流浪中竭力寻求将他的学说付诸实施，保证了后来踏着他的足迹前进的周游者们彻底摧毁了他所憎恶的暴虐的世袭贵族制（世卿世禄）。"顾君所言极是，洋人尚且知之，吾辈为之汗颜。

　　20世纪最震撼人心的是在中华大地上进行的伟大的二万五千里长征，毛泽东主席指出："长征是宣言书，长征是宣传队，长征是播种机。""长征是以我们胜利、敌人失败的结果而告结束。"而二千年前，在中华大地之上，也有那么一群有志之士，辗转各地，颠沛流离，进行艰苦卓绝的长征，他们挑战世卿世禄的腐朽制度，立志建立文质彬彬的礼乐天下，他们也是宣言书，是宣传队，是播种机，他们改变了历史，他们就是孔子及其弟子的周游列国。

第六章　政者正也，孔子诛而未杀少正卯

　　什么是政治的灵魂？孔子一言中的，他指出："政者，正也。"政治就是以正导不正，建立一个从上到下，以德配位，以政行正，以正帅民的治理体系及其活动。正名是治国首要之务，"名不正则言不顺，言不顺则事不成，事不成则礼乐不兴，礼乐不兴则刑罚不中，刑罚不中则民无所措手足"。孔子进一步指出，"道之以政，齐之以刑，民免而无耻。道之以德，齐之以礼，有耻且格"。德礼政刑皆为治国之具，为政者需内修为政之德、外依礼政刑行政，国家才能安定。但是，"子诛少正卯"案却似乎重击了孔子的政治操守，从而颠覆了孔子的政治主张，为此，本书对此案进行起底、追溯、勘察、鉴别，以求探析真相。

　　"子诛少正卯"是中国学术史上聚讼千年的一件顽案，迄今无定论。该案件的生成，通常存在以下几个关键环节：最初文字版载于《荀子·宥坐》，可靠依据版来自《史记·孔子世家》，画风突变版来自《说苑·指武》，较全面版本出现在《孔子家语》，别出心裁版为《论衡·讲瑞》，此后关于"子诛少正卯"案的一切描述、一切聚讼，无不围绕以上素材展开。（《尹文子》公认为是伪书，此不录）。

　　材料1：孔子为鲁摄相，朝七日而诛少正卯。门人进问曰："夫少正卯，鲁之闻人也，夫子为政而始诛之，得无失乎？"孔子曰："居，

吾语女其故。人有恶者五，而盗窃不与焉：一曰心达而险；二曰行辟而坚；三曰言伪而辩；四曰记丑而博；五曰顺非而泽。此五者，有一于人，则不得免于君子之诛，而少正卯兼有之。故居处足以聚徒成群，言谈足以饰邪营众，强足以反是独立，此小人之桀雄也，不可不诛也。是以汤诛尹谐，文王诛潘止，周公诛管叔，太公诛华仕，管仲诛付里乙，子产诛邓析、史付。此七子者，皆异世同心，不可不诛也。《诗》曰：'忧心悄悄，愠于群小。'小人成群，斯足忧矣。"——《荀子·宥坐》

材料2：定公十四年，孔子年五十六，由大司寇行摄相事，有喜色。门人曰："闻君子祸至不惧，福至不喜。"孔子曰："有是言也。不曰'乐其以贵下人'乎？"于是诛鲁大夫乱政者少正卯。与闻国政三月，粥羔豚者弗饰贾；男女行者别于涂；涂不拾遗；四方之客至乎邑者，不求有司，皆予之以归。——《史记·孔子世家》

材料3：昔尧诛四凶以惩恶，周公杀管蔡以弭乱，子产杀邓析以威侈，孔子斩少正卯以变众，佞贼之人而不诛，乱之道也。《易》曰："不威小，不惩大，此小人之福也。"

……

孔子为鲁司寇，七日而诛少正卯于东观之下，门人闻之，趋而进，至者不言，其意皆一也。子贡后至，趋而进，曰："夫少正卯者，鲁国之闻人矣！夫子始为政，何以先诛之？"孔子曰："赐也，非尔所及也。夫王者之诛有五，而盗窃不与焉。一曰心辨而险；二曰言伪而辩；三曰行辟而坚；四曰志愚而博；五曰顺非而泽。此五者皆有辨知聪达之名，而非其真也。苟行以伪，则其知足以移众，强足以独立，此奸人之雄也，不可不诛。夫有五者之一，则不免于诛。今少正卯兼之，是以先诛之也。昔者汤诛蠋沐，太公诛潘址，管仲诛史附里，子产诛邓析，此五子未有不诛也。所谓诛之者，非为其昼则攻盗，暮则

穿窬也，皆倾覆之徒也！此固君子之所疑，愚者之所惑也。诗云：'忧心悄悄，愠于群小。'此之谓矣。"——《说苑·指武》

材料4：孔子为鲁司寇，摄行相事，有喜色。仲由问曰："由闻君子祸至不惧，福至不喜，今夫子得位而喜，何也？"孔子曰："然，有是言也。不曰乐以贵下人乎？"于是朝政七日而诛乱政大夫少正卯，戮之于两观之下，尸于朝三日。子贡进曰："夫少正卯，鲁之闻人也，今夫子为政，而始诛之，或者为失乎？"孔子曰："居，吾语汝以其故。天下有大恶者五，而窃盗不与焉。一曰心逆而险，二曰行僻而坚，三曰言伪而辩，四曰记丑而博，五曰顺非而泽，此五者，有一于人，则不免君子之诛，而少正卯皆兼有之。其居处足以撮徒成党，其谈说足以饰褒莹众，其强御足以反是独立，此乃人之奸雄者也，不可以不除。夫殷汤诛尹谐、文王诛潘正、周公诛管蔡、太公诛华士、管仲诛付乙、子产诛史何，是此七子皆异世而同诛者，以七子异世而同恶，故不可赦也。诗云：'忧心悄悄，愠于群小'，小人成群，斯足忧矣。"——《孔子家语·始诛》

材料5：少正卯在鲁，与孔子并。孔子之门，三盈三虚，唯颜渊不去，颜渊独知孔子圣也。夫门人去孔子归少正卯，不徒不能知孔子之圣，又不能知少正卯，门人皆惑。子贡曰："夫少正卯，鲁之闻人也。子为政，何以先之？"孔子曰："赐退！非尔所及。"夫才能知佞若子贡，尚不能知圣。世儒见圣自谓能知之，妄也。——《论衡·讲瑞》

关于"子诛少正卯"是否属实？学术界基本分成两派：实有论和伪造论。在南宋朱熹之前，实有论占压倒性地位，在朱熹提出质疑之后，两派争论不休，处于胶着状态，迄今未休。通常伪造论处于攻势，而实有论处于守势，双方主要围绕以下问题展开激辩：

行为实施时间：鲁定公十四年？七日诛？还是没有作案时间？

行为实施地点：鲁国东观？两观？还是没有作案地点？

行为主体身份：孔子为司寇？司寇摄相？还是不曾为司寇，更不曾为摄相？

行为客体身份：少正卯是闻人？法家？大夫？还是子虚乌有？

行为实施理由：五恶？交恶？还是其他？

行为具体内容：诛？杀？灭族？责备？还是其他？

行为实施具体过程：门人问？子由问？子贡问？还是其他？

行为实施后果：好？不好？

尽管"子诛少正卯"发生在两千多年前，但是对这个案件的描述、生成和认知则是不断累积的、叠加的，经过秦火楚炬的摧残、改朝换代地洗刷、"六经注我"的肆虐、语言意义的演化，真相愈加光怪陆离，难以把握。为此，本书试图通过逻辑推演和现象还原的方法来勘别本案真伪，以大胆的假设，小心地求证，求教于方家。

一、《荀子·宥坐》不可能全部都是后人伪造，应予以批判性吸收

一种伪造论者认为，作为"子诛少正卯"案最初依据的《荀子·宥坐》，完全由后人伪造，因此本案乃错错相因，实乃子虚乌有。如朱熹在《晦庵集》中指出："若少正卯之事，则予尝窃疑之。盖《论语》所不载，子思、孟子所不言，虽以《左氏春秋》内外传之诬且驳而犹不道也，乃独荀况言之，是必齐鲁陋儒，愤圣人之失职，故为此说以夸其权耳。"朱熹此语，颇有门户之见，为此，清人崔述进一步指出，"此盖申、韩之徒言刑名者，诬圣人以自饰，必非孔子之事"，而梁启超、冯友兰、郭沫若、张岱年等则考证此事乃魏晋人伪造。

《荀子》一书，在唐代以前没有人提出伪书的疑问，唐代杨倞始

质疑，认为《荀子·宥坐》等六篇可能系后人伪造，梁启超支持此观点。但是如果我们要全盘否定《宥坐》篇的真实性，就必须回答以下三问题：

（一）如果《荀子·宥坐》乃魏晋人士伪造，那么为何和荀子（约公元前313—公元前238年）年代不远的学者、史学家、政治家深谙《荀子·宥坐》的内容，并广泛运用到自己的著作之中，从而形成一个持续的、接力的证据链呢？如陆贾（约公元前240年—公元前170年）在《陆贾新语·辅政第三》："故尧放驩兜，仲尼诛少正卯；甘言之所嘉，靡不为之倾，惟尧知其实，仲尼见其情。故干圣王者诛，遏贤君者刑，遭凡王者贵，触乱世者荣。"韩婴（约公元前200—公元前130年）在《韩诗内传》："孔子为鲁国司寇，先诛少正卯，谓佞道已行，敌国政也。佞道未行，章明远之而已。"淮南王刘安（约公元前179—公元前122年）在《淮南子·氾论》："故圣人因民之所喜而劝善，因民之所恶而禁奸。故赏一人而天下誉之，罚一人而天下畏之。故至赏不费，至刑不滥。孔子诛少正卯而鲁国之邪塞；子产诛邓析，而郑国之奸禁。"司马迁（约公元前145—？）之《史记》、刘向（约公元前77—公元前6年）之《说苑》、刘歆（？—公元23年）之《七略》、王充（公元27—约公元97年）之《论衡》、班固（公元32—92年）之《汉书》等等。这个链条可以一直延续至今。特别是两汉与荀子时代最为接近，却无人对《荀子·宥坐》质疑，无人对"子诛少正卯"质疑，却远到唐朝杨倞和南宋朱熹怀疑其真伪？

（二）如果《荀子·宥坐》是申、韩之徒所捏造，那么为何申、韩之徒的书中不曾提及此章，不曾论及"子诛少正卯"？而做到这一点的，恰恰是对儒家和孔子怀有温情和敬意的学者，如劝刘邦读《诗》《书》的陆贾、韩诗学的创始人韩婴、对孔子"高山仰止，景行行止"

的司马迁、被纪晓岚称为"儒宗"的刘向、出身儒学世家的班固。其中陆贾师从荀子，向荀子学《易》，刘向则与荀子后学有世谊之交（刘向的高祖刘交与申公一起师从荀子高徒浮丘伯），司马迁、刘向、刘歆、班固更是遍览群书、稽查古今，岂能轻易蒙骗？刘向、刘歆整校《荀子》32篇，而王充《论衡》之《问孔》《刺孟》等专篇，则是对荀子思想的继承。

（三）说《荀子·宥坐》乃荀子所捏造，以绌孔子，这实乃宋儒门户之见。荀子不仅不仇视孔子，而且极其推崇孔子，认为孔子是"德与周公齐，名与三王并"的"大儒"。在荀子看来，天下仁人，如果上则法舜禹之制，下则法仲尼子弓之义，那么天下之害除，圣王之迹著。实际上，荀子的一生轨迹，也以孔子为范：少年好学，中年游说于赵、燕、齐、秦、楚国诸君之间，游学于稷下学宫，三为学宫祭酒，晚年在兰陵收徒授业，传经著书。甚至《荀子》一书的结构都与《论语》近似，皆以学始，以尧终。总之，荀子绌孔，实乃无稽之谈。实际上，在韩愈之前，往往荀孟并列。如司马迁所言："自孔子卒后，七十子之徒散游诸侯，……天下并争于战国，儒术既绌焉，然齐、鲁之间，学者独不废也。于威、宣之际，孟子、荀卿之列，咸遵夫子之业而润色之，以学显于当世。"孟子重传道，荀子重传经；孟子重内圣，荀子重外王。荀子传《五经》之功最大，根据清代汉学诸儒考证，汉初《诗》《书》《礼》《乐》《春秋》和《易》的传授都与荀子有关，如荀子传《易》于陆贾和缪和，传《诗》于毛亨和浮丘伯，故毛诗和鲁诗（申公为浮丘伯弟子）源于荀子，韩婴《韩诗外传》取《荀子》文多达44条，以致汪中等学者都认为《韩诗》出于荀子，是"荀卿子之别子"（汪中《述学·荀卿子通论》），荀子传《春秋》（通过申公）于瑕丘江公，传《左传》于张苍，再传于贾谊，大戴小戴《礼记》很多篇章也出自荀子。基于荀子对儒学的贡献，司马迁为之作《史记·孟子荀卿列传》，西汉儒宗董仲舒则"作书美孙卿（即荀子）"，班固在《汉书·刑法志》中对荀子大加赞赏，"时唯孙卿（即荀子）明于王道"。

综上所述，我们认为《荀子·宥坐》实有其篇，"子诛少正卯"言之有据。但是这并不意味着今天我们所读到的《荀子·宥坐》与陆贾等人所见到的《荀子·宥坐》完全相同，其实，很多内容已被后人所"润色"，或有损，或有益，应加以鉴别，去其伪，存其真。

所以，基于荀子、陆贾、淮南子、韩婴论述的重叠共识，我们基本可以确定以下史实：孔子在鲁国诛少正卯，少正卯是甘言惑众的奸佞之人。

二、《史记》关于"子诛少正卯"的记载大体可信，不可一删了事

钱穆先生在《先秦诸子系年》中专辟一章《孔子行摄相事诛鲁大夫乱政者少正卯辩》，对材料2逐句加以批判，指出其误有四：（1）误以孔子为鲁相，其实春秋战国无"相"。（2）误以为此时有诛士之行。（3）误以为大夫能杀大夫。（4）是驷歂诛邓析的误传。甚至猜想少正卯实乃荀子所批判的十二子的化身。基于这四点，他认为材料2"其事不可信"，并在自己所著的《孔子传》中，干脆将此部分直接删去不提。

显然，钱先生的理由站不住脚：（1）春秋有"相"的职位，这从《论语》（如"管仲相桓公"）、《左传》（如"困兽犹斗，况国相乎"）、《国语》（如"今子常，先大夫之后也，而相楚君，无令名于四方"）等都可看出，不仅齐国有相，鲁国、晋国、郑国、楚国等都有相，鲁穆

公时，公仪休"为相"（《史记·循吏列传》）。在孔子生活的时代，鲁国的相一直由季氏担任，如"季文子相宣、成，无衣帛之妾，无食粟之马"（《国语·鲁语上》），在《左传·襄公五年》中，季文子卒，"相三君矣，而无私人积，可不谓忠乎？"季文子之后，季武子、季平子、季桓子相继为相。定公十二年（《史记》记载有误，应为定公五年），季桓子为相，孔子以大司寇的官职兼3个月的"摄相"，即代国相，"行乎季孙，三月不违"，厉行改革，诛少正卯，正风矫俗，成果显著。（2）少正卯实有其人，陆贾、韩婴、刘安、浮丘伯等人皆可以证实。少正卯以官职为氏，以生日为名，为鲁国大夫，何以知其为大夫？孔子做了二年司寇，对他都无可奈何，直到第三年代理国相以后，才有资格得遂心愿，诛一少正卯，鲁国民风即为之大正，从前因到后果，皆可见少正卯必为大夫，绝非士或庶民。（3）孔子作为大司寇兼摄相，职级为卿，职务为上卿，高于大夫，否则何以领导堕三都、诛大夫、治国安民之改革？此外，钱先生错误地把"诛"狭义地理解为"杀戮"，则是犯了望文生义的毛病。（4）钱先生认为司马迁把"驷歂诛邓析"误写为"子诛少正卯"，这更是异想天开，且不说司马迁作为汉武帝的太史公，是否敢于在"独尊儒术"的时代如此无中生有地诽谤自己的偶像，单单是陆贾、淮南子、韩婴和满朝荀子的后学、孔子的信徒也不会坐视不管。

即使没有上面的四点，我们也不应该对于一位史学家的心血之作，草率地予以断然否定。首先，司马迁的《史记》二千多年不掩其光芒，是与他的职业要求、职业理想、职业能力和职业操守密不可分的。从职业要求而言，司马迁世为太史公，太史是一项古老而神圣的官职，不是谁都可以从事的，班固就曾经因为被控"私修国史"而差点被杀。太史的职业生命线就是"信"，疾虚妄，尚信实，修史不信，必受重罚。其次，从职业理想而言，司马迁不仅以信史为理想，少时即为

"信"史而南游江、淮，北涉汶、泗，游遍大江南北，其后父危受命、难中著史，更是兢兢业业，以著信史为生存之寄托、家族之事业和人生之天命，又岂敢诬也？"钦念哉！钦念哉！"司马迁以"究天人之际，通古今之变，成一家之言"为修史理念，取材广泛，做了大量实地调查，达 14 年乃成。《史记》之可信，可以史学家班固之言论之："自刘向、扬雄博极群书，皆称迁有良史之材，服其善序事理，辨而不华，质而不俚，其文直，其事核，不虚美，不隐恶，故谓之实录。"

尽管如此，材料 2 在细节上仍然存在错讹（或许为后人所误加），即时间应为鲁定公十二年，这样才与《史记·十二诸侯年表》《史记·卫康叔世家》《史记·陈杞世家》《左传》相统一。除此以外，其他内容大体可信。如《荀子·儒效》："仲尼将为司寇，沈犹氏不敢朝饮其羊，公慎氏出其妻，慎溃氏逾境而徙，鲁之粥牛马者不豫贾，必蚤正以待之也"可为印证。

通过对材料 1 和材料 2 的检阅，我们可以对以下史实加以肯定（到司马迁为止）：鲁定公十二年，孔子为大司寇摄相，诛鲁大夫少正卯，少正卯以甘言、佞行、邪道而乱政。诛少正卯之后，鲁国民风大正。

三、刘向、刘歆是"子诛少正卯"向"子杀少正卯" 版本转化的关键人物

关于孔子杀少正卯，今天我们所知道的最早版本来自刘向所撰的《说苑·指武》（材料 3）："孔子斩少正卯以变众""七日而诛少正卯于东观之下"。材料 3、材料 4 和材料 1 很多内容高度重合，如"七日诛""门人问""鲁之闻人""五恶罪"《诗经》语""五（六、七）子范本"，如出一人之手。只是在细节上存在微小差别，从这些差别

中，我们可以清楚地看出三者的内在演化过程。那么，谁是关键的推手呢？我们认为既有动机又有条件将这三个材料制造出来的最佳人选，非刘向刘歆父子莫属。

（一）从动机上看，刘向（公元前 77 年—公元前 6 年）作为汉朝王室后裔，其生活的时代既是一个由"霸王道杂之"到"柔仁好儒"的统治理念转化的时代，也是西汉由宗室之争（刘氏家族内部争位）向外戚宦官专权（以致最终沦失于外戚之手）的转变时期。刘向的一生，既是整校典籍，为文化存亡绝续而兢兢业业的一生，也是在儒学的框架下，以所校典籍为武器，团结儒家力量，与宦官外戚（前有弘恭、石显等人，后有王氏家族）进行你死我亡的斗争的一生。所以，刘向既有司马迁"钦念哉！钦念哉！"求真求信求全的一方面，也有"诸子注我，我注诸子"，以述为作的另一方面，所以其解读儒家经典、编纂群书，点校群籍和他上书立言、"忠谏其君"、清除外戚宦官匡扶汉室常常是合二为一，相辅相成的。因此，我们既要看到刘向校对客观信实的一面，又要看到他有所损益、甚至加以窜改的方面。以本案为例，刘向在汉元帝六年上奏的奏折中，就提到："故《诗》云：'忧心悄悄，愠于群小。'小人成群，诚足愠也。……自古明圣，未有无诛而治者也，故舜有四放之罚，而孔子有两观之诛，然后圣化可得而行也。今以陛下明知，诚深思天地之心，迹察两观之诛，……以揆当世之变，放远佞邪之党，坏散险诐之聚，杜闭群枉之门，广开众正之路，决断狐疑，分别犹豫，使是非炳然可知，则百异消灭，而众祥并至，太平之基，万世之利也。"这里的"小人"即刘向的死敌弘恭、石显等人，这里的内容与他后来所著的《说苑·指武》大体一致。《说苑》一书，则是他为讽喻汉成帝所做，"以戒天子"，于公元前 17 年献给成帝。

（二）从条件来说，刘向父子最为具备。其一，刘向家族与荀子高徒乃世交，有机会见识《荀子》原作。其二，汉武帝广求天下之遗书，汇之于中府，这些书版本众多，脱落错讹甚众，鱼目混珠，真伪难辨，故有机会加以损益。其三，刘向父子领命负责校对中府经传诸子诗赋，订脱误，删复重，增轶文，权力很大。其四，荀子已死200年，陆贾、贾谊、韩婴、刘安、司马迁、董仲舒等人皆已逝多年，刘向为儒宗，生者无人能挑战其权威。其五，汉帝的坚定支持。汉帝出身草莽，迫切需要从儒家及诸子典籍中寻找其政权存在合法性以及行政的法理依据。刘向作为宗室，委以重任，所以刘向的校书活动乃是一种国家政治行为，其政治性标准远高于学术性标准。

就本案而言，从《汉书·艺文志》看，《荀子》《尹文子》《说苑》《孔子家语》都经过了刘向父子编校或编写，所以今天我们所看见的这四篇内容，与刘向之前所存在的版本已经有了很大改变，这点必须要看到。结合刘向前后的版本变化，我们可以看出"七日诛""门人问""鲁之闻人""诛于两观""五恶罪""诗经语""五（六、七）子范本"应该由刘向父子所修订和增益。原因如下：

1. 如前所述，上面这些增添窜入的内容在刘向之前无人论及，在刘向之后为人们津津乐道，包括刘向本人以及其后的学者兼官员无不以此为据，吁求对政敌予以诛杀，即"行两观之诛"。刘向早年即已知晓"子诛少正卯"的事实，在与弘恭、石显等人的斗争中，认识到"子诛少正卯"的极大妙用，于是不断加以润色、发挥、增益，载入所编校典籍之中，以之为批判奸佞的武器。结合五篇材料的细微差异，我们大体可以还原其窜改过程：首先利用校对《荀子》的时候，在原文的基础上增加以上新的因素，以表其"忧"。其后，随着国家形势日益严峻，于是在校对《尹文子》的时候，加入"诛卯"2.0版，以表其"畏"，2.0版中增加"奸私"二字，以强调卯恶之甚，"潘止"改为"潘正"、"华仕"改为"华士"则是勘误，将"周公诛管叔"删除，则更合乎文意，因为管叔之罪不是"五恶"，而是叛变。其后，刘向编写《说苑》的时候，进一步提出 3.0 版，将"诛卯"进一步发展为"斩卯"，孔子摄相不提，门人明确为子贡，进一步将"君子之诛"提升为"王者之诛"，"小人"沦为"奸人"，此书敬献成帝，其用心昭然若揭。3.0 版有错讹，"尹锴""潘正""付里乙"姓名写错，在"潘正"前面遗漏"诛华士，文王"，这或许因急而出乱，或许因愠而过失。最后，在《孔子家语》中出现的 4.0 版，则由"愠"转"忧"，基本上吸收前面三版的精华，兼容司马迁的版本，并提升为"戮—展"版，"戮之于两观之下，尸于朝三日"，活灵活现，进一步坐实子杀少正卯。4.0 版修正 3.0 版的职务错误、人名错误，并修正前面三版中一个共同的错误：子产诛邓析。4.0 版谬误之处，在于"周公诛管、蔡"，蔡叔并没有见诛。从减一邓析加一蔡叔看，4.0 版可能是刘歆所做（刘向一贯强调以宗室屏外戚宦官）。所以，从刘向以来，"子诛少正卯"日益演化为"子杀少正卯"，有时间（孔子司寇摄相）、有地点（两观之下）、有情节（子由问喜，子贡问杀）、有情景（尸于朝三日）、有理由（五恶），"杀卯"剧本终于成型。

2. 为什么说"七日诛"等内容是刘向等人添加的，而不可能出现在原初的《荀子·宥坐》呢？一方面，这不仅因为陆贾、司马迁等人所不论，而且有三不合：一不合逻辑，如果孔子做了摄相，就可以以"五恶"杀大夫，那么荀子高徒李斯丞相何苦焚书坑儒？李斯但以孔子为范，就可以留书而灭儒。而天下之儒又有何资格骂李斯？既然"五恶"蕴于荀子所批判的十二子，岂不是说十二子及其徒子徒孙人人可杀？如果孔子杀大夫，则孔子的反对者如墨家、法家、道家之徒岂不津津乐道，何以缄而不言？二不合事实，七日而杀，之所以能够被刘向以后的人们所接受，是因为戴圣把荀子批判十二子的罪状通过汉文帝写入《礼记·王制》，成为国家制度，得以授权司寇，对于"行伪而坚，言伪而辩，学非而博，顺非而泽以疑众"之人不听而杀。在此之前，按照《周礼》，司寇别说诛一大夫，就是要诛一平民，也要经过三刺即讯群臣、讯群吏、讯万民，而后才能决定是否实施刑罚。大夫以上犯罪受刑，绝不能在公共场合进行，而是由甸师氏私下进行，以维护贵族的体面，所以断断不会出现"七日杀""尸于朝"的情景。另一方面，孔子其人，无论为公还是为私，都不主张首先用暴力来解决问题。就私而言，他反对以怨报怨，如对于公伯寮的背叛，孔子断然拒绝子服景伯诛杀公伯寮的建议。就公而言，"子为政，焉用杀"，他反对"为政以刑"，认为"道之以德，齐之以礼"远远优越于"道之以政，齐之以刑"的治理模式，"仁者爱人"是其为政生命线，岂能一杀了事？三不合语意。"诛，讨也。凡杀戮纠责皆是"（《说文解字》），"殛、窜、放、流，皆诛也"（《尚书·尧典》）。可见"诛"有多个义项：本义为"声讨、谴责"，引申为"讨伐""索求"，基于讨伐之后不同惩罚，故又有"责罚""放逐""流放""杀死"等延伸意。"诛"在汉朝以后，"杀戮"的义项较多，但是在此之前，"责罚"之意更常见。

3.那么，"子诛少正卯"中的"诛"到底是什么意思？"诛"字，在《论语》中，仅出现一次，即孔子批评宰予昼寝，"于予与何诛？"此"诛"即"责备"；《国语》中："小国傲，大国袭焉曰诛"，此处意为"讨伐"。就本案而言，春秋时期礼崩乐坏，大夫杀大夫不是不可能，但是孔子不可以。孔子之所以被授予大司寇摄相，就是因为此前他以《周礼》治理中都，一年大治，次年《周礼》与齐国夹谷之会，收回汶上三城，第二年取得"与郑平"的外交成就，所以季孙氏和鲁君才让他摄相，尝试以周礼治国，所以孔子必须按《周礼》行事。按照《周礼》，大宰（即相）"以八法治官府"，即官属、官职、官联、官常、官成、官法、官刑、官计，用八柄来帮助国君驭群臣，即爵、禄、予、置、生、夺、废、诛，"夺以驭其贫，废以驭其罪，诛以驭其过"。《十三经注疏·周礼注疏》对此做了解读：凡是言驭者，所以驱之内之于善"，这八项都是大宰驱群臣入善之事，前五项都是善事，大善在前，小善在后；后三项都是恶事，大恶在前，小恶在后。废，放也，即流放，"诛，责也，则以言语责让之，故云以驯其过也"。所以，依据《周礼》，子诛少正卯，就是孔子依照《周礼》对少正卯实施公开"责备"这种处罚，这种处罚较"流放"为轻，但也很严重，类似于今天的"公开批判，严重警告"的处罚。

由此我们就能够很好地回答朱熹的疑问：孔子"责罚"少正卯，摄相责大夫，在春秋时代，实在不值一提，故《国语》《论语》《左传》等不载。我们也会理解为何孔子摄相会有喜色，因为少正卯作为官员大夫，却是奸佞之人，甘言惑世，以非为是，在民众中特别有影响力，相当于现在某些媒体大V，孔子"恶紫之夺朱也，恶郑声之乱雅乐也，恶利口之覆邦家者"，可是法律却不能制裁他，所以孔子摄相以后，诛少正卯，正视听，然后鲁国风气大正。我们也会理解为何此案在荀子以后会成为热门话题？因为"诛"在战国以后，其"责罚"意义愈来愈弱，而"杀"气愈来愈重，到汉尤甚，加上刘向刘歆等人移花接木，将《礼记·王制》与《荀子·非十二子》《荀子·非相》结合，对《荀子·宥坐》《孔子家语》等添油加醋，加以雕饰，上合乎帝王统治之需求，中合乎儒者治国之愿望，下符合汉代以来的社会实际，从而具有很大的欺骗性，被很多人所接受，用以对付政敌。

四、王充《论衡·讲瑞》关于"子诛少正卯"，纯属臆测

自从西汉刘向以来，"子诛少正卯"日益被"子杀少正卯"所取代，到了东汉，王充在"五恶"之罪的基础上，提出"交恶"论（少

正卯与孔子争夺学生而交恶），即材料5。虽然此论前无古人（此前无人论及），后乏来者（此后相信者极少），影响不大，但是毕竟为本案增添新材料，对此有必要加以考察。

首先，"交恶"版毫无依据，纯粹捏造，完全不符合事实。如果说少正卯与孔子一起在鲁国讲学，孔子之门，三盈三虚，唯颜回不去，那么《史记·仲尼弟子列传》应有记载，因为颜回是孔子第一学生（《论语》），是《仲尼弟子列传》第一传主，是孔子第一配享（自汉武帝以来配享孔庙，祀以太牢，历代帝王封赠有加），如有"三盈三虚"伟迹，焉能无人知道，唯有到东汉王充才知道？其次，孔子说："自吾有回，门人益亲"（《史记·仲尼弟子列传》），何以会"三盈三虚"？孔门弟子事孔子如父，如果少正卯能够使之"三盈三虚"，则可见其魅力之大势力之强，何以生前无载死后无名？最重要的是，"交恶"版完全不符合孔子的处事风格。孔子35岁在齐，景公欲重用孔子，封以尼溪田，但因晏子阻挠而不成功，从而断送孔子大好前程，岂不可恨？但是17年后晏子逝世，身为鲁国大司寇的孔子却对他高度评价："晏平仲善与人交，久而敬之"，此事发生在诛卯之前2年，可见孔子决非睚眦必报、公报私仇之人。实质上，纵然发生"三盈三虚"，孔子也"人不知而不愠"，不会迁怒于少正卯，而是"见贤思齐，见不贤而内自省也"。因为"苟志于仁矣，无恶也"。

其次，王充其人，其行文有庄子之气，不顾细谨，不足为信。王充出身"孤门细族"，少有狂狷之气，"博通众流百家之言"，知识渠道来源芜杂，"好博览而不守章句"，强调"举大义而已"，特别瞧不起汉朝儒生寻章摘句、墨守教条的做法，所以其言论著文，放言无忌，不苟细节，颇有老庄之风，好作"离经背道""非圣无法"之论。此类案例，《论衡》之中，并不少见，他编造孔子与少正卯"交恶"的故事，并非为了侮圣，而是强调知圣之难。

最后，王充此论并非毫无渊源，也有其叠加生成历程。关于少正卯，陆贾称之为"谗夫似贤，美言似信，听之者惑，观之者冥""甘言之所嘉，靡不为之倾"，足见此人"善言"；《荀子》称之为"鲁之闻人"足见此人"著名"，《说苑》谈到子诛少正卯之后，"门人闻之，趋而进，至者不言，其意皆一也"足见其人"得众"，"子贡后至，趋而进"可见"子贡之惑"，王充将这些情节拼凑、加工、润色，最终制造出诛卯5.0版。

以上通过剥丝抽茧的方式，将历史上叠加生成的"子诛少正卯"案件，以逆向倒推的方式进行还原。通过还原，我们可以针对前面所提出的问题，做一总体的回答：公元前498年，鲁定公十二年，孔子担任鲁国大司寇摄相，以《周礼》治国，对鲁国能言善辩的乱政大夫少正卯实施了"公开责罚"的行政惩罚，从而激浊扬清、扶正祛邪，从此鲁国民风为之大正。这就是"子诛少正卯"的真相。

参考文献：

[1] 黎靖德.朱子语类卷九三 [M].北京：中华书局，1986：2352.

[2] 崔述.崔东壁遗书·洙泗考信录卷二 [M].上海：上海古籍出版社，1983.

[3] 李学勤.周易经传溯源 [M].长春：长春出版社，1992：104.

[4] 司马迁.史记·儒林列传 [M].北京：中华书局，2009：700.

[5] [6] 班固.汉书·司马迁传 [M].北京：中华书局1999：2070，1513.

[7] 李学勤.十三经注疏·礼记正义（下）[M].北京：北京大学出版社，1999：412.

[8] 李学勤.十三经注疏·周礼注疏 [M].北京：北京大学出版社，1999：30.

第二编　孔子亦如是思

第七章　亲亲须以礼，亲亲不必相隐

2002 年以来，刘清平、郭齐勇等人围绕"亲亲相隐"的问题展开激烈论辩，大大推动了学界对此问题的深入探讨。本书不欲对论战双方孰是孰非发表观点，只想指明一个双方共同的盲点，即误把"亲亲相隐"视为孔子的一般主张。如刘清平认为"孔子曾指出'父为子隐，子为父隐，直在其中矣'……显然，孔子在这里就是把父慈子孝的特殊亲情置于诚实正直的普遍准则之上，因而主张，人们为了巩固这种至高无上的'天理人情'，可以在父子相隐中放弃正义守法的行为规范"，郭齐勇承认"亲亲相隐"是孔子和儒家提倡的，但是与刘清平不同，他认为"父子互隐"是伦理的常态，血缘亲情是"一切正面价值的源头"。刘、郭都是学界重量级的学者，但是，"亲亲相隐"真的是孔子的一般主张吗？

一、从原始材料看，孔子未支持"亲亲相隐"

把"亲亲相隐"视为孔子主张的，其原始依据皆来自《论语·子路》：

叶公语孔子曰："吾党有直躬者，其父攘羊，而子证之。"孔子曰:"吾党之直者异于是,父为子隐,子为父隐,直在其中矣。"

这是孔子在楚国和叶公的一段对话。叶公论吾党之直躬,孔子论吾党之直者,前者"证"父之过,后者"隐"父之过。显然,双方都是一种事实描述的语气,而非辩论的语调。那么,"吾党"又是谁?"党"字在《论语》中出现 12 次,除了"吾党"之外,还有"其党""乡党""阙党""君子不党",其意义基本有两种:一为朋党,一为古代地方户籍编制单位。五百家为党。从文意看,此处应为后者。理由有三:其一,子曰:"君子矜而不争,群而不党。""人之过也,各于其党",孔子反对朋党。其二,子在陈曰:"归与!归与!吾党之小子狂简,斐然成章,不知所以裁之。"除了"亲亲相隐"章之外,孔子提到吾党的只有此句,吾党在此意为"我家乡",即鲁国。其三,《论语》中"党"多指后者,特别是做名词用的时候。显然,叶公之吾党为楚国本地,孔子之吾党为鲁国故地,所以,"父为子隐,子为父隐"不过是孔子故乡鲁国之直者所为,并非孔子的价值申论,亦非孔子学派的基本主张。据此证明孔子主张"父子相隐",实为断章取义,不足为据。

叶公不一定支持"吾党直躬"的做法,孔子也不一定赞成"吾党直者"的做法,现象的列举并不意味着观点的赞成。今天,"吾党"成为一种志同道合的政治组织,"吾党"的主张就是"吾"的主张,但是在孔子的时代,"吾党"尚未形成现代意义上的政党,而只是地理意义上的生活共同体,其成员的观点可以是多元的,生活方式可以是多样的。所以,我们不能用现代的眼光来理解孔子和叶公的对话,而想当然地把"吾党"的观点当做他们自身的主张。

孔子与叶公一起交谈南方的楚国和北方的鲁国对"直"的不同理解,这并非什么不可以的事情,南北文化差异本身就是孔子感兴趣的内容之一,他还曾经和子路讨论过"强"在中国南北文化中的差异:

子路问强，子曰："南方之强与？北方之强与？抑而强与？宽柔以教，不报无道，南方之强也，君子居之。衽金革，死而不厌，北方之强也，而强者居之。故君子和而不流，强哉矫！中立而不倚，强哉矫！国有道，不变塞焉，强哉矫！国无道，至死不变，强哉矫！"

子路问孔子何谓"强"，孔子说，有南方人理解的强、北方人理解的强，二者大不同。在描述了南方之强和北方之强的不同表现之后，孔子提出了自己对"强"的看法。孔子所赞成的"强"，不纯粹是南方的，也不纯粹是北方的，而是对南方之强和北方之强不偏不倚，兼而容之，持而中之，从而锻造出的新的"强"。

如果根据孔子对"强"的回答，再来看孔子与叶公论"直"。如果叶公进一步追问孔子何谓"直"，那么，孔子对于楚之直躬与鲁之直者，"叩其两端而竭焉"，可能也是兼而有之，以中庸待之，"中庸之为德也，其至矣乎！民鲜久矣。"从而提出一种新的"直"的主张。总之，孔子只是指出鲁国人视"亲亲相隐""其中有直"，并没有否定楚国人"亲亲不相隐"就不是"直"，更没有说"亲亲相隐"就是"直"，更没有说他支持"亲亲相隐"，反对一切"亲亲不相隐"的行为。

二、史料表明，孔子也能包容"亲亲不相隐"

史料1：曾子耘瓜，误斩其根。曾晳怒，建大杖以击其背，曾子仆地而不知人久之。有顷，乃苏，欣然而起，进于曾晳曰："向也参得罪于大人，大人用力教参，得无疾乎？"退而就房，援琴而歌，欲令曾晳而闻之，知其体康也。孔子闻之而怒，告门弟子曰："参来勿内。"曾参自以为无罪，使人请于孔子。子曰："汝不闻乎，昔瞽瞍有子曰舜，舜之事瞽瞍，欲使之，未尝不在于侧；索而杀之，未尝可得。

小棰则待过，大杖则逃走。故瞽瞍不犯不父之罪，而舜不失烝烝之孝。今参事父委身以待暴怒，殪而不避，既身死而陷父于不义，其不孝孰大焉？汝非天子之民也，杀天子之民，其罪奚若？"曾参闻之曰："参罪大矣。"遂造孔子而谢过。

曾参不小心斩断瓜根，遭父亲曾皙暴打，"仆地而不知人，久之有顷，乃苏"，曾参为了隐父之过，"欣然而起""援琴而歌"，可谓用心良苦。对于曾参"子为父隐"的行为，孔子"闻之而怒"，毫不留情，加以痛责。可见，孔子并不赞成"子为父隐"。

史料2：四年春，卫州吁弑桓公而立。……州吁未能和其民，厚问定君于石子，石子曰："王觐为可。"曰："何以得觐？"曰："陈桓公方有宠于王，陈、卫方睦，若朝陈使请，必可得也。"厚从州吁如陈。石碏使告于陈曰："卫国褊小，老夫耄矣，无能为也。此二人者，实弑寡君，敢即图之。"陈人执之，而请莅于卫。九月，卫人使右宰丑莅杀州吁于濮，石碏使其宰獳羊肩莅杀石厚于陈。

君子曰："石碏，纯臣也。恶州吁而厚与焉，'大义灭亲'，其是之谓乎！"

石碏的儿子石厚与公子州吁窃国篡位，石碏设下圈套，借陈国之手，处死州吁和石厚，立晋为新君。对于石碏"父不为子隐"，大义灭亲的行为，孔子著《春秋》，虽不曾直接点评，但是书之以"卫州吁弑其君完""卫人杀州吁于濮"以及"卫人立晋"，一"弑"、一"杀"、一"立"，足见孔子的赞赏态度。而左丘明则在《左传》中称赞石碏为纯臣，"大义灭亲"，其是之谓乎。

曾子"子为父隐"遭批，石蜡"父不为子隐"受褒，孔子对于"亲亲相隐"绝不简单地支持。此外，我们再从孔子所敬仰的尧、舜、禹的行为加以考察：尧"睦九族""明百姓""和万国"，但是嫡子丹朱不肖，当四岳推荐丹朱接班的时候，尧断然拒绝："吁！顽凶，不用"，尧"不为子隐",禅位于舜。至于舜呢,史载父顽、母嚣、弟傲,皆欲杀舜,上屋抽梯,入井填石,如此累累恶行,如果舜"子为亲隐",遐迩何以知之?四岳何以报之于尧?禹的父亲鲧因治水不力,为舜所杀,禹"子不为父隐",毅然接受舜的任命,改鲧之"堵"为"疏",取得治水的成功。总之,孔子所致敬的三大圣贤尧、舜、禹无一"亲亲相隐",却赢得孔子"大哉""巍巍乎"之美誉。

三、从逻辑上看,孔子不赞成"亲亲相隐"是"直"的蕴涵命题

所谓 A 是 B 的蕴涵命题,就是说,B 包含 A,如果"亲亲相隐"是"直"的蕴涵命题,就是说,正直的人一定"亲亲相隐",否则,即不正直。果真如此吗?且看三段史料:

史料 1:子曰:"孰谓微生高直?或乞醯焉,乞诸其邻而与之。"

史料 2:子曰:"直哉史鱼!邦有道,如矢;邦无道,如矢。君子哉蘧伯玉!邦有道,则仕;邦无道,则可卷而怀之。"

史料 3:仲尼曰:叔向,古之遗直也。治国制刑,不隐于亲,三数叔鱼之恶,不为末减,曰义也夫,可谓直矣!平丘之会,数其贿也,以宽卫国,晋不为暴。归鲁季孙,称其诈也,以宽鲁国,晋不为虐。邢侯之狱,言其贪也,以正刑书,晋不为颇。三言而除三恶,加三利,杀亲益荣,犹义也夫!"

孔子认为微生高"隐",没有醯硬是冒充有,所以不是一个正直的人;孔子赞美史鱼"直哉",因为他如矢一样丝毫不"隐"。孔子说叔向"古之遗直",因为他"治国制刑,不隐于亲,三数叔鱼之恶,不为末减"。叔向"亲亲不相隐",所以是正直之人。所以说,孔子把"亲

亲相隐"视为"直"的前提，实为大谬不然。确实，孔子承认"父为子隐，子为父隐"，其中有直，但是不认为"父子相隐"就是直，也不认为直就一定要"父子相隐"。

四、孔子如何看待"亲亲相隐"

跳出孔子与叶公之间的讨论，我们从更广阔的视野来看孔子对"亲亲相隐"的看法。

"立爱自亲始，教民睦也。立教自长始，教民顺也。教以慈睦，而民贵有亲；教以敬长，而民贵用命。孝以事亲，顺以听命，错诸天下，无所不行。"（《礼记·祭义》）

"仁者，人也，亲亲为大。义者，宜也，尊贤为大。亲亲之杀，尊贤之等，礼所生也。"（《礼记·中庸》）

孔子认为人之生也直，亲亲是人之常情，是仁爱之德的始源，也是人与人得以团结的最初内在纽带，是小到家庭大到天下能够和睦相处的内在基础。但是除了亲亲这个仁的内在情感原则以外，还有尊贤这个义的外在社会原则，所以当我们把亲亲这种情感现实化的时候，必须实现仁的内在原则和义的外在原则的一致，基于仁和义，并将仁和义加以规范化的社会制度和社会习俗，就是礼。所以亲亲作为一种内在情感而言，是一种直的情感，但是"直而无礼则绞"，作为一种行为来说，亲亲的情感必须受到礼义的约束，唯有合乎礼义的，"质直而好义"，才是正直的行为。

《孝经·谏诤》记载了一段孔子与曾参的对话，有助于我们来理解孔子对"亲亲相隐"的态度。

曾子曰："若夫慈爱、恭敬、安亲、扬名，则闻命矣。敢问子从父之令，可谓孝乎？"子曰："是何言与，是何言与！昔者天子有争臣七人，虽无道，不失其天下；诸侯有争臣五人，虽无道，不失其国；大夫有争臣三人，虽无道，不失其家；士有争友，则身不离于令名；父有争子，则身不陷于不义。故当不义，则子不可以不争于父，臣不可以不争于君；故当不义，则争之。从父之令，又焉得为孝乎？"

《荀子·子道》中也有一段类似的对话，不过发生在子贡和孔子之间。

鲁哀公问于孔子曰："子从父命，孝乎？臣从君命，贞乎？"三问，孔子不对。孔子趋出以语子贡曰："乡者，君问丘也，曰：'子从父命，孝乎？臣从君命，贞乎？'三问而丘不对，赐以为何如？"子贡曰："子从父命，孝矣。臣从君命，贞矣，夫子有奚对焉？"孔子曰："小人哉！赐不识也！昔万乘之国，有争臣四人，则封疆不削；千乘之国，有争臣三人，则社稷不危；百乘之家，有争臣二人，则宗庙不毁。父有争子，不行无礼；士有争友，不为不义。故子从父，奚子孝？臣从君，奚臣贞？审其所以从之之谓孝、之谓贞也。"

在孔子看来，父之于子、子之于父，愈是孝慈之情重，愈是要做争子争父，"隐恶而扬善"，这里的"隐"不是隐瞒，而是消除之意，让其恶隐而不存，让其善长而扬之。为此，孝子"事父母几谏。见志不从，又敬不违，劳而不怨。"孝子谏父不为不义，慈父同样要禁子不可为非。

《荀子·子道》中进一步详细地阐述了"孝子所以不从命"的三种情况：

从命则亲危，不从命，则亲安，孝子不从命乃衷；从命则亲辱，不从命则亲荣，孝子不从命乃义；从命则禽兽，不从命则修饰，孝子不从命乃敬。故可以从而不从，是不子也；未可以从而从，是不衷也；明于从不从之义，而能致恭敬、忠信、端悫以慎行之，则可谓大孝矣。传曰："从道不从君，从义不从父。"此之谓也。

依照这个标准，父攘羊，子若证之，则父必危，不可；子若隐之，则父辱，亦不可。二者皆不可行，最好的办法或为谏净其父自首，帮助其父赔羊。

五、关于"亲亲相隐"章句的情境想象

如果我们做以上解读，则不能令人信服地解释清楚叶公与孔子为何谈论楚鲁之直者，也不能富有说服力地说明《论语》为什么要把它记下来。须知孔子之来楚，何其之艰辛，难道只为了与叶公侃文化差异？《论语》二十篇，乃"夫子既终，微言已绝，弟子恐离居已后，各生异见，而圣言永灭，故相与论撰"，"皆孔子弟子记诸善言也。"（《论语注疏解经序》），《论语》字字珠玑，皆精挑细选，微言大义，须细加体会。为此我们有必要对叶孔二人对话做具体历史语境考察分析，才能把握其真实含义，彰显其真正价值。

众所周知，孔子提倡"君子敏于事而慎于言""讷于言而敏于行"，反对脱离行动的空言，反对言不及义，孔子之言，正如王阳明所言："圣贤教人如医用药，皆因病立方，酌其虚实温凉阴阳内外而时时加减之，要在去病，初无定说。"为此，不能"拘执一方，鲜守为成训"，否则导致"他日误己误人"，孔子"至于是邦也，必闻其政"，那么，孔子与叶公对话，又是针对楚国政治什么病症，如何酌其虚实，喻以何方呢？

孔子不说废话，叶公也非闲人。叶公者，楚国大将沈诸梁也，因其封地在叶，僭称叶公，此时叶公乃驻扎在楚国北方临时国都军事重镇负函的三大夫之一，因楚王驻军城父，可能令叶公作为楚王特使，

负责招待孔子。司马迁为叶公二字蒙蔽，误以为叶孔对话之地在叶邑，其实应在负函（有钱穆文证和信阳地证）。孔子为楚王所邀，叶公受楚王所托，故叶公与孔子之言，应与叶公叶地无关，而与楚王楚国切要。那么，楚王于重病缠身、战事吃紧之际，急请孔子来楚，难道只为闲聊？

为此，我们需要抽丝剥茧，还原叶孔对话之时即公元前489年，楚国究竟发生了什么？

据《史记·孔子世家》记载：

孔子迁于蔡三岁，吴伐陈。楚救陈，军于城父。闻孔子在陈、蔡之间，楚使人聘孔子，孔子将往拜礼，陈、蔡大夫谋曰："孔子贤者，所刺讥皆中诸侯之疾。今者久留陈、蔡之间，诸大夫所设行皆非仲尼之意。今楚，大国也，来聘孔子。孔子用于楚，则陈、蔡用事大夫危矣！"于是乃相与发徒役围孔子于野。不得行，绝粮。从者病，莫能兴。……

于是使子贡至楚。楚昭王兴师迎孔子，然后得免。

其秋，楚昭王卒于城父。

于是孔子自楚反乎卫。是岁也，孔子年六十三，而鲁哀公六年也。

《史记·楚世家》记载：

二十七年春，吴伐陈，楚昭王救之，军城父。十月，昭王病于军中，有赤云如鸟，夹日而蜚。昭王问周太史，太史曰："是害于楚王，然可移于将相。"将相闻是言，乃请自以身祷于神。昭王曰："将相，孤之股肱也，今移祸，庸去是身乎！"弗听。卜而河为祟，大夫请祷河。昭王曰："自吾先王受封，望不过江、汉，而河非所获罪也。"止不许。孔子在陈，闻是言，曰："楚昭王通大道矣。其不失国，宜哉！"

昭王病甚，乃召诸公子大夫曰："孤不佞，再辱楚国之师，今乃得以天寿终，孤之幸也。"让其弟公子申为王，不可。又让次弟公子结，亦不可。乃又让次弟公子闾，五让，乃后许为王。将战，庚寅，昭王卒于军中。子闾曰："王病甚，舍其子让群臣，臣所以许王，以广王意也。今君王卒，臣岂敢忘君王之意乎！"乃与子西、子期谋，伏师闭涂，迎越女之子章立之，是为惠王。然后罢兵归，葬昭王。

据《左传·哀公六年》记载：

六年春……吴伐陈，复修旧怨也。楚子曰："吾先君与陈有盟，不可以不救。"乃救陈，师于城父。

……

秋七月，楚子在城父，将救陈。卜战，不吉；卜退，不吉。王曰："然则死也！再败楚师，不如死。弃盟逃仇，亦不如死。死一也，其死仇乎！"命公子申为王，不可；则命公子结，亦不可；则命公子启，五辞而后许。将战，王有疾。庚寅，昭王攻大冥，卒于城父。子闾退，曰："君王舍其子而让，群臣敢忘君乎？从君之命，顺也。立君之子，亦顺也。二顺不可失也。"与子西、子期谋，潜师闭涂，逆越女之子章，立之而后还。

是岁也，有云如众赤鸟，夹日以飞，三日。楚子使问诸周大史。周大史曰："其当王身乎！若禜之，可移于令尹、司马。"王曰："除腹心之疾，而置诸股肱，何益？不穀不有大过，天其夭诸？有罪受罚，又焉移之？"遂弗禜。

初，昭王有疾。卜曰："河为祟。"王弗祭。大夫请祭诸郊，王曰："三代命祀，祭不越望。江、汉、雎、漳，楚之望也。祸福之至，不是过也。不穀虽不德，河非所获罪也。"遂弗祭。孔子曰："楚昭王知大道矣！其不失国也，宜哉！《夏书》曰：'惟彼陶唐，帅彼天常，有此冀方。今失其行，乱其纪纲，乃灭而亡。'又曰：'允出兹在兹。'由己率常可矣。"

　　这三段材料比较详细记载了公元前 489 年即鲁哀公六年楚国的情况：公元前 489 年春，吴国攻打楚国盟友陈国，楚昭王为救陈国，驻军城父（今河南宝丰县东），不久罹病，急请孔子来楚。孔子早有仕楚之愿，据《礼记·檀弓上》载："有子曰：'昔者夫子失鲁司寇，将之荆，盖先之以子夏，又申之以冉有。'"孔子在楚国近邻陈国和蔡国住了 3 年，才接到楚昭王礼聘，欣然而往，不料遭到陈国和蔡国大夫刻意阻挠，困于陈蔡之间多日，直到楚昭王兴师来救。当孔子到达楚国的时候，楚昭王的军队已经开往大冥（今河南项城县，当时属于陈国），于是安排叶公在重镇负函（今河南信阳县）招待孔子一行。孔子和楚昭王并没有实现历史性的会面，7 月 16 日楚昭王病死于军中（《史记》载十月十六日）。孔子闻讯，心灰意冷，"自楚反乎卫"，自此以后，仕政日渐淡出孔子的生活。

　　"亲亲相隐"公案就发生在孔子居楚期间，孔叶对话，应在孔子与楚昭王互动的大框架下加以解读。

　　叶公语孔子曰："吾党有直躬者，其父攘羊，而子证之。"孔子曰："吾党之直者异于是，父为子隐，子为父隐，直在其中矣。"（《论语·子路》）

　　"攘"，《论语正义》注释为：有因而盗曰攘。"凡六畜自来而取之，曰攘也。""攘"与一般的盗窃、抢劫不同，"攘"的特点在于非故意、突发性，所谓见财起意、见色起念、顺手牵羊、浑水摸鱼之类。"羊，祥也。"（《说文解字》），一种温顺、肥美、可爱的食草动物，常常隐喻柔善而被牺牲的女子。攘羊小事一桩，叶公为何提此？《论语》为何记此？如果我们把羊的意象还原为女人的意象，会发现这里所谈的"其父攘羊"实有其事，楚昭王之父楚平王攘了儿媳，即昭王之母。楚平王为太子建求婚于秦女，受费无忌怂恿，要秦女先来见自己，平王见媳心喜，占为己有，而将其陪嫁女子嫁给太子。由于害怕真相暴露，平王将太子建及其师傅伍奢放逐到城父戍边，进而以阴谋叛乱罪名追杀太子建及伍奢家族三百多人。伍奢的小儿子伍子胥与太子建躲过一劫，逃奔宋国，遇宋国内乱，转投郑国，太子建与晋国勾结，图谋出卖郑国，被郑国所杀。于是，伍子胥带领太子建的儿子熊胜亡命于吴国。多年后，伍子胥引吴军大败楚军，攻占楚都，鞭尸楚平王，追杀楚昭王，楚国几近亡国。这就是昭王其父攘媳的前因后果。

平王攘媳之事，楚国一直讳莫如深。叶公何以隐晦言之？或因受楚昭王所托而求教于孔子。楚昭王即楚平王与秦女所生之子，本无继承王位资格，因太子建被诬叛乱，昭王得以立为太子。平王死后，将军子常以"太子珍少，且其母乃前太子建所当娶也"为由，要求改立平王弟弟子西，遭到子西拒绝和威胁以后，昭王才得以立为君。昭王十年，伍子胥引吴军几灭楚国，其后昭王励精图治，楚国得以中兴，但是平王攘媳而引发的一系列灾难并没有到此结束，这也成为昭王的一块心病。公元前489年，吴国攻打陈国，楚昭王救陈，军于城父，遇到三件怪事：（1）昭王生病，卜说是黄河作祟。楚国处荆江之地，何以得罪黄河之神？（2）天有异象：有云如众赤鸟，夹日以飞，三日。"日"喻楚君，周大史认为对昭王不利；（3）卜战，不吉；卜退，不吉。黄河做祟、赤云夹日、战退皆不利，这三个异象都指向同一个人——前太子建（太子建曾经常驻城父、死于黄河边的郑国、其妻被平王占，其位被昭王夺，其人被楚王冤，其子被流于外），灾难或因此而生，卜官建议移灾祸于群臣，昭王不同意，认为灾祸因自己的罪过而起，唯有反躬自省，消除罪孽才能消灭灾祸。昭王可能暗自打算公开真相，为前太子建平反，召回建的儿子熊胜，甚至以位相还。但是将父亲的丑闻"证之"于天下，是否妥当？对前朝的政治加以清算，是否引起反弹？兹事体大，昭王急需求教于孔子。昭王的意图或为陈国和蔡国大夫察觉，陈国和蔡国曾被楚灵王灭国，后被楚平王复国，如果昭王推翻平王的政治，陈蔡岂不复罹灭国之悲？因此两国大夫极力阻扰孔子，导致孔子错失良机。昭王病情加剧，战情加紧，料来日不多，乃委托叶公代询，并安排后事。孔子急奔大冥，却在陈国听到昭王病逝的消息，感慨系之："楚昭王知大道矣！其不失国也，宜哉！《夏书》曰：'惟彼陶唐，帅彼天常，有此翼方。今失其行，乱其纪纲，乃灭而亡。'又曰：'允出兹在兹，由己率常可矣。'"前一句暗示平王乱纪纲，几致亡国，后一句表扬昭王时时刻刻按照道德行事，尽人事以听天道，其惺惺相惜之情，溢于言表。

结合历史语境，再来解读叶孔对话，则别有况味。叶公不便直言，乃以寓言为掩盖，以拉家常的语调抛出问题：我们这有一位耿直哥，他父攘羊，他要告发。潜台词为：昭王要揭开平王攘媳的盖子，为受冤屈的人平反。孔子心照不宣，也以隐语回答："我们那的耿直哥可不是那样，他为父不攘羊，为子不证父。"其潜台词为：平王攘媳不对，昭王告父也不合适。孔子用微言的方式投了反对票：不支持昭王进行全盘翻案的平反运动。孔子之所以如此，有其现实的考量：一方面，楚昭王如果公开揭露平王当年所犯下的错误，这无异于对平王的第二次鞭尸，如果说伍子胥对平王的第一次鞭尸激发的是楚国人对入侵者的愤恨、对楚国的团结和强大的渴望、对楚昭王的同情和支持，那么昭王的第二次鞭尸则恰恰相反，只会撕裂楚国人的团结、混乱楚国人的思想、瓦解楚国人的斗志、引发楚国内外所有利益相关者的恐慌和反弹。这绝非昭王所愿，亦非国人所求。另一方面，孔子对熊胜有较清楚的认知，熊胜生长于畸形的社会环境之中，幼年与父亲逃亡，目睹父亲被杀，后与伍子胥历尽艰辛，在吴国得以立足。可以说，熊胜从小到大，其身边充满的都是仇恨，和伍子胥一样，支撑其人生的最强大的甚至唯一的支柱就是复仇，复仇成为其人生的全部意义。如果昭王揭露真相，召回熊胜和伍子胥，就能相逢一笑泯恩仇，化解刻骨铭心的仇恨吗？孔子对此并不乐观，在他看来，恰恰相反，这可能引发进一步的仇恨和复仇活动。《韩非子·说林下》记载了孔子对于楚国令尹子西召回熊胜的举动，所做出的切实预见：

子谓弟子曰："孰能导子西之钓名也？"子贡曰："赐也能。"乃导之，不复疑也。孔子曰："宽哉！不被于利。洁哉，民性有恒：曲为曲，直为直。"孔子曰："子西不免。"白公之难，子西死焉。故曰："直于行者曲于欲。"

在孔子看来，子西执念于沽名钓誉，要以德报怨，此心不可改；熊胜执念于复仇，要以怨报怨，此心亦不可改，所以子西必将召回熊胜，熊胜也必将报仇。孔子一语成谶。

在《列子》《吕氏春秋》《淮南子》中记载了一段孔子与熊胜（即白公胜）的对话：

白公问于孔子曰："人可与微言乎？"孔子不应。白公曰："若以石投水，何如？"孔子曰："吴之善没者能取之。"曰："若以水投水，何如？"孔子曰："淄、渑之合，易牙尝而知之。"白公曰："人固不可与微言乎？"孔子曰："何为不可？唯知言之谓者乎！"白公弗得也，知谓则不以言矣。言者谓之属也。求鱼者濡，争兽者趋，非乐之也。故至言去言，至为无为。浅智者之所争则末矣。此白公之所以死于法室。

白公熊胜欲杀子西、子期，控制楚国，以攻打郑国，为父报仇，其心之强烈，其意志之坚决，纵然孔子也不敢直言阻之。唯有以"不应"喻之，可惜白公执念太深，终不免于难。

叶公接受了孔子以隐晦的方式所提出的建议，转达给昭王，但是昭王的暴亡使局面完全失控。昭王死后，其子惠王即位，惠王年幼，子西主政，惠王二年，子西不听叶公、子贡的劝阻，派人召回熊胜，封为巢邑大夫，即白公，镇守楚国的东大门，并打算以后将其提拔为司马、令尹。白公之为人，韩非子指出："朋党比周以事其君，隐正道而行私曲，上逼君，下乱治，援外以挠内，亲下以谋上，不难为也。"公元前 479 年，熊胜勾结吴国，发动叛乱，杀死令尹子西和司马子期，囚禁惠王，自立为楚王。后来叶公率军勤王，大败熊胜，迫使熊胜自杀，惠王得以复位。这就是楚国著名的"白公之乱"，楚国自此衰落。

确实，"亲亲相隐"出自孔子之口，但非孔子一般主张，如果从历史语境还原，那么很可能它不过孔子给予楚昭王的一个隐谏，谏议昭王从楚国现实的考量出发，子为父隐，不要在不合适的时间用不合适的方式处理历史遗留问题，此隐乃为应对具体情境的权变之策，而非应对一切问题的普遍原则，是治病之"方"，非"成训"，否则"误己误人"。

以上历史想象只是求教于方家的大胆设想，无论其是否合理，我们都要清楚的认识到，亲亲相隐并非孔子的一般主张，亲亲必以礼才是孔子的基本原则。

参考文献：

　［1］刘清平.美德还是腐败？——析《孟子》中有关舜的两个案例［J］.哲学研究，2002，（2）：43—47.

　［2］郭齐勇，肖时均."门内"的儒家伦理——兼与廖名春先生商榷《论语》"父子互隐"章之理解［J］.华南师范大学学报（社会科学版），2014，（1）.

　［3］郭齐勇.也谈"子为父隐"与孟子论舜——兼与刘清平先生商榷［J］.哲学研究，2002.（10）.

　［4］孟子等.四书五经［M］.北京：中华书局，2009：30.

　［5］孟子等.四书五经［M］.北京：中华书局，2009：53.

　［6］王国轩，王秀梅译注.孔子家语［M］.北京：中华书局，2009：133—134.

［7］李梦生.左传译注（上、下）［M］.上海：上海古籍出版社，2004：18—19.

［8］孟子等.四书五经［M］.北京：中华书局，2009：14.

［9］孟子等.四书五经［M］.北京：中华书局，2009：34.

［10］李梦生.左传译注（上、下）［M］.上海：上海古籍出版社，2004：18—19，1061，1308—1309.

［11］王阳明.王阳明全集第一册［M］.北京：线装书局，2012：46.

［12］司马迁撰，韩兆琦评注.史记（二）［M］.长沙：岳麓书社，2011：767—768.

［13］司马迁撰，韩兆琦评注.史记（二）［M］.长沙：岳麓书社，2011：622.

［14］李梦生.左传译注（上、下）［M］.上海：上海古籍出版社，2004：1061.

［15］孟子等.四书五经［M］.北京：中华书局，2009：309.

［16］刘宝楠.论语正义（下）［M］.北京：中华书局，1990：538.

［17］李祥俊注释.韩非子［M］.北京：新华出版社，2000：143.

［18］张玉春等.吕氏春秋译注（上、下）［M］.哈尔滨：黑龙江人民出版社，2003：543.

［19］李祥俊注释.韩非子［M］.北京：新华出版社，2003：344.

第八章　何谓"忠恕"？

在孔子的众多范畴中，"忠恕"尽管出现在《论语》中只一次，但由于是被看作"一以贯之"的"夫子之道"，因此其地位凸显，如何理解它的含义，这对于理解和发挥孔子的思想具有重要的意义。而古今学者对此存在分歧，因此，正确地界定这个范畴就十分必要，在当前全球化背景下尤其迫切。正是基于这种迫切性，冯浩菲先生在《孔子研究》2003 年第 4 期著文进行探讨，冯文条分缕析，得出"忠恕是一个概念，诠解为'己所不欲，勿施于人'是对的"，"不能将代表仁德系统中高度境界的'立达'看作代表低等境界的'忠恕'思想的内容"，"将'忠'解释为'己欲立而立人，己欲达而达人'，显然是不对的"的结论。本章试对冯先生的论证及其结论作一探讨，以求教于冯先生，并试对"忠恕"的界说作探讨，以求共同推进孔学的研究，繁荣传统文化。

一、试说冯文的论证

冯文的论证理由如下：

（一）尽管《论语》中没有对"忠恕"进行具体定义，但孔子在

《论语·卫灵公》篇对"恕"作了解释：子贡问曰："有一言而可以终身行之者乎？"子曰："其恕乎！己所不欲，勿施于人。"冯文据此认为"己所不欲，勿施于人"，就是"恕"的含义，也是"忠恕"的含义，之所以不讲"忠恕"，是因为子贡要求"一言"，一言，即一个字，所以"忠"字就略去了，因此，"忠恕"就是"己所不欲，勿施于人"。

（二）从上文可见，"恕"一言可以让人终身行之，如此重要，"这恰好可以印证'吾道一以贯之'的'一'正是曾子所说的'忠恕'"，因此上文意义上的"忠恕"也就是孔子"一以贯之"的"夫子之道"。

（三）《礼记·中庸》有孔子的话："忠恕违道不远，施诸己而不愿，亦勿施于人。"此语乃孔子亲解"忠恕"，意与前同。

（四）从孔子道德思想的体系看，仁是一级概念，恕是二级概念，恕是仁德的起点，是仁德系统中的低等境界，而"己欲立而立人，己欲达而达人"是仁德的标志，是仁德体系中的高等境界，因此，它是高于、超出于"忠恕"的。因此，后者不在忠恕的范域之中。

（五）从"忠"字的衍变与组合情况看，"忠"可以作为副词，如"忠告而善道之"，而在"忠恕"这里，"忠"也是作为副词用的，忠恕是副词+动词。所以"忠"只是起限定作用，表示"恕"因"忠"而来。

对于冯文以上论证，本章试一一分析其中存在的漏洞，以作商讨。

（一）"一言"解作"一字"无据。无论从《尚书》《左传》还是其他春秋之前或其时的书籍中都不存在将"一言"解释为"一个字"的，而且从《论语》本身看，也是如此。《论语》中多次出现"一言"，没有以"一字"解的，而一般都表示"一句话"。如《为政》篇中，子曰："《诗》三百，一言以蔽之，曰：思无邪。"在《子路》篇中，定公问："一言可以兴邦，有诸？""一言而丧邦，有诸？"孔子分别回答为

"为君难，为臣不易"和"予无乐乎为君，唯其言而莫予违也"等等。《说文》释"言"为："直言曰言，论难曰语。"因此，可见，子贡请孔子不是以一个字回答，而是一句话回答，而孔子的回答是"己所不欲，勿施于人"。由于孔子认为这句话可以以"恕"来概括，因此，先答为"其恕乎！"再具言之。因此，"己所不欲，勿施于人"，是"恕"的内涵而不是"忠恕"的内涵。

（二）"一言可以终身行之"和"吾道一以贯之"中的"一"是两个概念。从曾子的回答"夫子之道，忠恕而已矣"看，后者的"一"指"一道"。"吾道一以贯之"，即"我用一个道将它们贯通起来"。此"一"是针对孔子哲学的全体而言的。而前者的"一"指人如子贡者可以终身行动依据的一个原则。这是针对子贡而言的，在《为政》篇中，子贡问君子，子曰："先行其言而后从之。"故子贡问行何言。在《公冶长》篇中，"子贡曰：我不欲人之加诸我也，吾亦欲无加诸人。子曰：赐也，非尔所及也。"所以孔子告诉子贡要将恕道终身行之。

孔子认为子贡是"瑚琏之器"而"君子不器"。因此，对子贡的要求是在成君子的品级，而孔子之道，则不满足于成君子，而是要到仁甚至圣的品级，因此，"一道"的品级应该高于并大于"一言"的品级。

（三）在《礼记·中庸》中："忠恕违道不远，施诸己而不愿，亦勿施于人。"此句正如孔颖达《礼记正义》解释的，"言身行忠恕，则去道不远也"，行忠恕包括勿施于人的恕道而已，并没有说后者就是前者的解释，因此，《中庸》此语不足以证明忠恕等于恕，不足以证明"施诸己而不愿，亦勿施于人"就是忠恕的全部内涵，何况《中庸》究竟是否为子思所作，尚无充足证据。

（四）正因为在孔子的哲学体系中，恕不是高级的一级概念，所以仅仅恕不足以作为"一以贯之"的"夫子之道"——忠恕的全部内涵，忠恕包括恕，但又高于恕，否则就降低了孔子的道。孔子的道，以"圣"与"仁"为目标，如果仅仅停留在"勿施于人"的层面上，又怎能实现"老者安之，朋友信之，少者怀之"的志向呢？因此如果既承认曾子所说的"夫子之道，忠恕而已"，又认为"忠恕"是孔子道德思想体系中的低等境界，这是互相矛盾的。

（五）冯文认为从"忠"的衍变和组合可为"忠恕 = 恕 = 己所不欲，勿施于人"提供证据，因为从《论语》中可发现，"忠"字不仅可作为名词、形容词、动词，还可以作为副词使用，如"忠告而善道之"，而"忠恕"的组合形式也是"副词 + 动词"，与"忠告"一样，"忠恕"中的"忠"已不再是作为道德范畴的忠，而是仅仅以副词的身份起一种限定的作用。既然如此，那么正如"忠告"释为"忠诚的告诉"，"忠恕"就应该释为"忠诚地恕"，是偏正结构，但冯文却从上面的推论得出"因忠而恕"的解释，更得出："'忠恕'是表示主从关系的一个概念，而不是表示并列关系的两个概念。""副词 + 动词"的"忠恕"，竟然变成表示主从关系的一个概念！仅仅以副词的身份起一种限定的作用的"忠"，可有可无的"忠"竟然又变成了"唯有其忠，才有此恕，倘无此恕，也难见其忠"，成为"忠恕"主从关系中的"主"了。对"忠"的这种巨大的转变犹如海涅谈康德对上帝一样：在《纯粹理性批判》中将其毫不留情地杀死，在《实践理性批判》中像变魔杖一样又将它复活了。

其实，从"恕"在《论语》中出现两次看，"恕"都应该是名词："夫子之道，忠恕而已矣"，"忠恕"无疑是名词结构，至少"恕"是名词；"有一言而可以终身行之乎？""其恕乎！"终身行"恕"，"恕"当然是名词。所以将"恕"解释为动词，将"忠恕"解释为"忠诚地恕"，无论从文本上还是从逻辑上讲都是难以令人信服的，也是自相矛盾的。

二、忠恕之道同仁道

从以上对冯文的有关论证进行的分析和质疑，可以得出结论：如果说"夫子之道，忠恕而已"是可靠的，那么仅仅以排除"己欲立而立人，己欲达而达人"而满足于"己所不欲，勿施于人"的"恕"来解释"忠恕"即"夫子之道"，不仅是难以令人信服的，而且降低了孔子之道的道德境界。对此冯文也有同感，故列出孔子思想体系的等级体系来。但效果适得其反。为更好地理解忠恕的意义，在阐述本书的理解前，以下几方面需要阐明。

（一）"忠恕"能否表达孔子之道？以忠恕概括孔子之道的不是孔子，而是曾参应答孔子的，因此它是否有效呢？对此持肯定观点的如南宋朱熹，认为："圣人之心，浑然一理，而泛应曲当，用各不同。曾子于其用处，盖已随事精察而力行之，但未知其体之一尔。夫子知其真积力久，将有所得，是以呼而告之。曾子果能默契其指，即应之速而无疑也。"认为孔子因材施教，因人而问，不愤不启，不悱不发，因信曾参对此有所得，故问之，而曾参答之速，孔子对其回答也没有否定，可见是信之无疑。持怀疑观点的如南宋叶适，认为："余尝疑孔子既以'一贯'语曾子，至'唯'而止，无所问质，若素知之者……未知于'一贯'之指果合否？曾子又自转为'忠恕'，忠以尽己，恕以及人，虽曰内外合一，而自古人经纬天地之妙用，固不止于是。疑此语未经孔子是正，恐亦不便以为准也。"认为用"忠恕"解"一贯"，只是曾参个人的理解，并没有得到孔子的首肯，不足为信。其实从《论语》中可以看出，在孔子的弟子中，曾参并不是特别突出的。"子以四教：文行忠信"，其中孔子认为较好的，德行：颜渊、闵子骞、冉伯牛；言语：宰我、子贡；政事：冉有、季路；文学：子游、子夏。其中子游和子夏与曾参年龄相仿。而且孔子还认为"参也鲁"，但曾参虽然迟钝，却谨慎恭敬，致孝致述，对于孔子的话，即使不能很好的消化，却能牢记不忘，忠实地复述下去，所以当孔子以"吾道"问他，他却出乎意料地速答之，而孔子对如此鲁莽举动没有"哂之"，也没有"知之为知之"地批之，也没有追问之，而是默认。对此最适当的解释是：曾参以前听孔子讲过此问题及其答案。因此"忠恕"之答是曾参以前闻诸夫子，而不是曾参的臆测。曾参只是转述而已。

（二）如何理解《里仁》篇中关于忠恕的对话。"吾道一以贯之"和"夫子之道，忠恕而已矣"作何解释？从上下文看，"吾道"即"夫子之道"，其内容是"忠恕而已矣"，其特点或者作用是"一以贯之"。"一以贯之"也出现在《卫灵公》篇，所谓"贯"，就是用绳子穿连成串，引申为穿。《广雅》注释为："贯，累也。"《仓颉篇》释为："贯，穿也。以绳穿物曰贯。""一以贯之"就是用一将杂多联接起来，使之统一。孔子因材施教，同一问题对不同的弟子有不同的回答，因为"毋意、毋必、毋固、毋我"（《子罕》），"君子之于天下也，无适也，无莫也，义之与比"（《里仁》）。无可无不可，所以他的言行似乎杂乱甚至矛盾，因此弟子深感困惑，所以孔子要告诉他们贯穿他的所有学说和言行中的"道"，即"忠恕而已矣"。从此"道"看，则众论的关系一目了然。"道"在这里有人作"方法、道路"解，有作"原则、主张、观点"解，此应从后解。因为从《论语》中看，无论"先王之道，斯为美""三年无改于父之道，可谓孝矣""非不说子之道，力不足也""文武之道，未坠于地"，还是"君子之道，孰先传焉，孰后倦焉"等，凡"……之道"结构中，"道"都作后解。此外，"而已矣"，朱熹解为"而已矣者，竭尽而无余之辞也"，即彻底、坚持到底的意思，一般都译为"罢了"，作情感助词用。从《子路》篇"不恒其德，或承之羞"，"不占而已矣"看，作后解较客观。综上所述，则可将对话翻译为：孔子说："曾参啊，我的一个原则将它们贯穿统一起来了。"曾参说："是的！"孔子出去了。其他学生问曾参："是什么原则呀？"曾参说：先生的原则就是忠恕啊！

（三）关于"己所不欲，勿施于人"的等价命题。有学者认为"己欲立而立人，己欲达而达人"能够从前一命题中推出，因此是包含在前命题中的。理由为：因自己不欲"不立不达"，故不要施"不立不达"于人，所以要施"立人达人"于人，即"立人达人"。其实这是不对的。因为还有第三种情况：既不"立人达人"也不"不立人不达人"。从逻辑推理看，"如果A，那么B"的命题等价于"如果非B，那么非A"命题。具体到本命题，则转化为："如果A（你不想别人如何对你），那么B（你就不如何对别人）"，其等价命题为："如果非B（如果不是你不如何对别人的），那么非A（不是你不想别人如何对你的）"。简言之，如果你对别人做的，那么是你想别人对你做的；如果你去立人达人，那么就是你想别人来立你达你。这个命题与"己欲立而立人，己欲达而达人"无疑不是同一命题，但两者可以同为真命题，就是说它们可以同时存在，而不发生矛盾，但不是包含关系。其实正如冯文所说，它们是不同的境界。以英国哲学家柏林的话讲，它们分别是代表了消极自由和积极自由。

（四）从《论语》中看，孔子与弟子论道，其中"仁"谈的最多，据统计，"仁"字出现109次，其中105次都是关于道德问题的用法。而"忠恕"合称只出现一次，单字分别出现的也少，其中，"忠"字17次，"恕"字1次。既然如此，为什么"一以贯之"的"夫子之道"不是"仁"而是"忠恕"呢？钱穆认为，"忠恕之道即仁道""而言忠恕，则较言仁更使人易晓，因仁者至高之德，而忠恕则是学者当下之功夫，人人可以尽力也"。其实孔子之所以要主动提出他的"一以贯之"的道，也就是为了让弟子们对其仁道思想有一个把握原则和易于实施的尺度。因为孔子针对其弟子提问，因人因时因地因事，回答各不相同，因此易发生理解上的分歧，如同是问仁，孔子答颜渊"克己复礼"，答司马牛"言讱"，答樊迟"爱人"等。言者因材施教，听者各持一端，所以在孔子死后，儒学一分为八。各派都以述孔正宗自认，却彼此不能相容。孔子在世时，弟子就因理解不同而分歧（见《子张》篇中子张子夏论"交"）。另一方面，产生畏难情绪，优秀弟子如颜渊、子贡者都感到孔子的思想博大精深，"虽欲从之，末由也已""得其门者或寡矣""夫子不可及"。所以孔子要用一个能够将他的所有思想、所有表述从内涵上统一起来的原则告诉他们。这个原则当然不能是"仁"，否则更分歧了。忠恕如线，将各种关于仁道的论述贯穿起来了，使之更具体清晰易行。

三、一以贯之之道

既然忠恕之道如上所述，是孔子之道，其范域与仁道同，那么，忠恕作何界定呢？忠恕是"忠+恕"，还是"以忠而恕"，还是其他？"忠"与"恕"在"忠恕"中是什么关系？

首先，忠恕不是偏义结构，不是"忠于恕"，因为从《论语》中"忠"字的运用看，没有此用法，两个道德范畴连用的只有"忠恕"和"忠信"，而"忠信"从"言思忠"和"言忠信"中可以看出，"忠"是独立范畴，"忠"是心口一致，"信"是言行一致。不仅如此，在《论语》中也看不出孔子有将别的两个道德范畴作偏义联用的情况。因此将忠作为一个独立的范畴也许合理些。

关于"忠""恕"，朱熹注释为："尽己之谓忠，推己之谓恕"，"或曰：'中心为忠，如心为恕'于义亦通。"宋朝真德秀认为："忠者，尽己之心也，恕者，推己之心以及人也，忠，尽乎内者也，恕，形乎外者也。"都认为"忠"是一个道德范畴，其内容是将内心尽心竭力地忠诚无私地袒露。将此心发之于人，则忠人；发之于国，则忠国；发之于言，即忠言；发之于行，则忠行。忠，就内而言，是本心的无私的、没有受到扭曲的展现；就外而言，总有所附依，忠于什么，就是将什么置之于中心，心中再无他念。这种解释符合孔子之前的人对忠的理解，如《左传》载，前582年，范文子："无私，忠也。"前651年，荀息："公家之利，知无不为，忠也。"前541年，赵孟称赞叔孙："临患不忘国，忠也。"这个解释也符合孔子自己的思想，从《论语》中出现的18个"忠"字看，都与此解释不冲突。总之，"忠"就是无私忠诚地、尽心尽力地做应该做的事。

　　作为孔子"忠恕之道"中的"忠"也作如上解释，忠道要求人尽力做应该做的事，但究竟哪些应该做哪些不应该做呢？孔子认为忠要有个原则，那就是恕，如上所说，恕即推己之心以及人。人人都知道自己想要什么，不想要什么，推己及人，将心比心，就知道别人的欲与不欲，以恕道行忠，就会进行换位思考。从行为的消极面讲，就会"己所不欲，不施与人"，施诸己而不愿，勿施诸人也；从行为的积极面讲，就会"己欲达而达人"。在孔子看来，人的欲与不欲有层次之分，分别为：（1）人皆欲生，不欲死，所以要生人，不死人，所以孔子认为为政要"足食"，治国先要"庶民"，要"少刑少杀"；（2）人皆欲富贵，不欲贫贱（《里仁》），所以要"惠民""富民"，不与民争利，要减赋，要使民以时；（3）人皆欲仁，恶不仁，所以要"教民"，要"己欲立而立人，己欲达而达人"。因此，孔子认为恕道就为忠道指明行道的原则，以恕道行忠就会尽心竭力的"生人、富人、立人、达人"，无恕而忠就会困惑茫然，甚至愚行；有恕而忠就会见义勇为。另一方面，又要以忠道行恕，无忠而恕就会见义而不勇为，为也易生怨心倦心。因为恕道要求先成人而后成己，先难而后获，为了"生人、富人、立人、达人"，而常常"亡己贫己"，使自己不立不达。有忠而恕，就会毫无私心杂念，将成人成己进行到底。因此，忠恕之道也就是仁道，就是要以一颗忠诚无私之心、以一颗推己及人之心去成人成己。无忠，则恕不行，无恕，则忠不成。忠恕合一，才是仁道。

将以上试作的忠恕的解释运用到孔子论仁中进行检验。《论语》中孔子答仁有六处，分别为：

1.答颜渊，曰："克己复礼为仁。"(《颜渊》)"克己"，即超出一己之私而达于人，此行恕道也；复礼，即践行礼，就是行忠道。克己复礼，就是行忠恕之道。

2.答仲弓，曰："出门如见大宾，使民如承大祭，己所不欲，勿施于人，在邦无怨，在家无怨。"(《颜渊》)前两句，行忠道，中两句，行恕道，后两句，忠恕合一。

3.答司马牛，曰："仁者，其言也讱。"(《颜渊》)这是忠道的最基本要求。

4.三答樊迟，分别为"爱人"；(《颜渊》)"居处恭，执事敬，与人忠，虽之夷狄，不可弃也"；(《子路》)"仁者先难而后获，可谓仁也"。(《雍也》)因恕爱得以生，因忠爱得以成，忠恕才能爱人。"居"答，为忠道，"仁者"答，为忠恕道。

可见，以忠恕之道解释仁道，是可行的。忠是行仁的方法，恕是行仁的原则，忠恕发之于内而用之于外，忠恕是两个概念，但忠恕之道并不仅仅指"忠＋恕"，忠也不等于"己欲立而立人，己欲达而达人"，恕也不等于"己所不欲，勿施于人"。而是两者都在忠恕之中，但忠恕又不仅如此。忠恕将二者结合为一个整体，作为孔子思想"一以贯之"的"道"。

参考文献：

［1］朱熹.四书章句集注［M］.北京：中华书局，1983：72.

［2］钱穆.论语新解［M］.成都：巴蜀书社，1985：92.

［3］朱熹.四书章句集注［M］.北京：中华书局，1983：72.

第三编　孔子与现当代

第九章　兴国学，圆中国梦

党的"十八大"提出要大力培育和弘扬社会主义核心价值观，即富强、民主、文明、和谐的国家价值目标；自由、平等、公正、法治的社会价值目标，爱国、敬业、诚信、友善的公民价值准则。社会主义核心价值观将中国传统道德规范和当今世界的价值观念融为一体，成为团结和指导我们接续奋斗、实现中国梦的精神支撑和思想指南。

当今社会，我们要防止民族虚无主义、传统文化空壳化和道德放任主义的威胁。所谓传统文化空壳化，就是中华民族五千年璀璨的持续文明和悠久灿烂的文化在当今社会一部分年轻人的脑中、在当今某些地方成为一个历史的空壳。所谓民族虚无主义，是极端个人主义在民族问题上的表现，认为社会是由原子式的个人构成的，每个人的天职就是最大限度地谋求自己的生存空间和事业成就，与其他人和组织没有任何稳定的关系，更无任何必需的义务。所谓道德放任主义，就是把道德自由化，认为道德只是个人的一种主观认识、自由判断和自愿选择。道德实质上成为一种廉价的便签，随便贴、随便撕。在道德自由主义的旗号下，假、恶、丑的行为肆行无忌，匪夷所思的言论登堂入室、招摇撞骗，敲打着五千年屹立不倒的中华民族道德的身躯。

要抵御民族虚无主义、传统文化空壳化和道德放任主义的威胁和侵蚀，就必须重建中华民族道德信仰体系；要弘扬社会主义核心价值观，就必须兴国学。

何谓国学？国学，现代汉语词典的解释是：一指我国传统的学术文化，包括哲学、历史学、考古学、文学、语言文字学等；一指古代国家设立的学校。显然，这里指前者，即张岱年所言："所谓国学是本国之意，学即本国的学术，亦即中国学术之意。"国学虽是学术思想，却不限于书籍。由于载体不同，国学实质上具有五个层面：载于器物的国学，如中国玉器所蕴含的"温润如玉"的君子文化；载于制度的国学，如礼乐制度所蕴含的"和合文化"等；载于活动的国学，如"其射也君子"之射箭活动；载于书籍的国学，如"四书""五经"等；载于人格的国学，如岳飞、屈原等民族英雄所蕴含的民族精神。我国的国魂孕育于国学之中，若无国学，我们何以自别于其他民族、其他文化？国学寓于这五个层面之中，兴国学，这五个层面的资源都必须发掘，而不可限于书籍理论。

兴国学当以"五经"和《论语》为本。国学博大精深，浩如烟海，不可能全部都学，所以兴国学要做好普及和重点的结合，即对于学习的内容要区别对待，既知其大概，更学有所重。方立天认为"国学作为一国的学术，也指一国传统文化中的精英文化，即学术部分"，确实，在国学的五个层面中，以学术国学为核心，而学术国学中又以儒学为重点，尤其是"六艺该统摄一切学术"，"六艺者，即是《诗》《书》《礼》《乐》《易》《春秋》也"。如果说西方文化是柏拉图的注脚，那么中华文化则是以孔子为代表的儒家文化，柳诒徵指出："孔子者，中国文化之中心也；无孔子则无中国文化。"儒家宗师孔子修《诗》《书》，定《礼》《乐》，序《周易》，作《春秋》，以此"六艺"为教学内容，所以此六艺是中华文化的精华（这里包括后来从《礼记》中抽出的《大学》《中庸》）。此外，孔子的思想还纪实性地记载在《论语》之中，"古之儒者，博学乎六艺之文。六学者，王教之典籍，先圣所以明天道，正人伦，致至治之成法也"（《汉书·儒林传》）。冯友兰先生也指出："经学在以后历史上中国思想史之地位，如君主立宪国之君主。"自汉代以来，五经和《论语》就成为读书人必读之书，成为中国人之所以成为中国人的精神食粮。今天，如果我们要继承自己的文化民族性，则五经和《论语》应是不可或缺的精神正餐。

五经和《论语》之所以如此重要，乃因五经和《论语》为思想集大成者。钱穆指出："孔子为中国历史上第一大圣人。在孔子以前，中国历史文化当已有两千五百年以上之积累，而孔子集其大成。在孔子以后，中国历史文化又复有两千五百年以上之演进，而孔子开其新统。在此五千多年，中国历史进程之指示，中国文化理想之建立，具有最深影响最大贡献者，殆无人堪与孔子相比伦。"五经吸取前两千五百年之精华，开启后两千五百年之新统，其思想之深广、社会影响力之大、理想之深宏，无可比拟。《礼记》中记载的"大同社会"理想，对"大同社会→小康社会→再大同社会"历史发展轨迹的信念，激励着一代又一代中华儿女奋斗不息，就是现代革命家孙中山亲自撰写的黄埔军校校歌、国民党党歌、中华民国国歌中都大书"以建民国，以进大同"。今天我们所要实现的"中国梦"与"大同社会"的理想也不无契合之处。《尚书》所记载的"敬德保民""选贤任能"的政治原则和"以德配位""为民造福"的政治模本，塑造了中国几千年来基于"权力作为必需的善"而建构的权力体系，与西方基于"权力作为必要的恶"而建构的国家体系走出了一条截然不同的路径，今天依然是我们反腐败、做先锋、谋民利的一个政治思维框架和政治道德要求。

《易经》中的乾坤精神及其丰富的辩证法思想更是我们巨大的财富宝库。《论语》虽然不是经书，却不亚于经书，乃是对五经画龙点睛之作。

其次，五经和《论语》致力于培养全面发展健全的人格。孔子指出："入其国，其教可知也。其为人也，温柔、敦厚，《诗》教也；疏通、知远，《书》教也；广博、易良，《乐》教也；洁静、精微，《易》教也；恭俭、庄敬，《礼》教也；属辞、比事，《春秋》教也。故《诗》之失，愚；《书》之失，诬；《乐》之失，奢；《易》之失，贼；《礼》之失，烦；《春秋》之失，乱。其为人也，温柔、敦厚而不愚，则深于《诗》者也。疏通、知远而不诬，则深于《书》者也。广博、易良而不奢，则深于《乐》者也。洁静、精微而不贼，则深于《易》者也。恭俭、庄敬而不烦，则深于《礼》者也。属辞、比事而不乱，则深于《春秋》者也。"（《礼记·经解》）杜维明通过精心研究发现："可以说儒家的'五经'是对人的不同侧面的理解，是五种具有儒家特色的洞见。《诗经》代表对人的感性、艺术性的理解；《尚书》代表对人的政治性、政治理想的理解；《礼记》代表对人的社会性的理解；《春秋》代表对人的历史性的理解；《易经》代表对人的哲学性、超越性的理解。"五经所要培养的就是一个个有生活情调、有政治理想、有社会情怀、有历史自觉、有哲学视野的全面发展的人，这些人要以修身、齐家、治国、平天下为己任，致力于建立"天下为公"的大同社会。这和我们爱国、敬业、诚信、友善的公民价值准则不谋而合。

兴国学，还要做好全覆盖与层级化的结合。这里指的是学习对象的区别对待，既要求人人皆学，又要根据对象的不同，实行层级化的安排。兴国学，至少五经和《论语》要做到国人人人皆学。但在学习方式上，则要充分整合国学的五个层面的载体，针对不同的学习对象，因材施教，多样化施教。就教育系统而言，幼儿园可以挑选《弟子规》《三字经》等文本中一些朗朗上口、富有生活气息的句子教育孩子，或者将中国历史中璀璨的文化成就、杰出的伟大事迹、复杂而曲折的奋斗历史编成喜闻乐见的口诀，或者让孩子们接触中国一些传统乐器和艺术，让孩子们受到传统文化的熏陶。小学则可以挑选五经和《论语》

中某些与学生智力水平相适应的短文编入教材，在思想道德课程的教学中，通过讲述中国历史中一个个生动感人的故事的方式，让孩子们产生民族自觉感，通过校本课程，鼓励孩子们学习传统礼乐文化，让国学走进孩子们的心田。中学生应该对五经和《论语》有比较全面但可以不深入的了解，对中华民族取得的璀璨文化应该有切身体会，对中华民族所取得的成就和遭受的苦难有清楚的认知，激发民族自尊心、民族责任感。而大学生则应该要求人人都有一定的国学根基，深谙礼义廉耻，创立一些富有民族特色和时代特色的社团，有创造性地进行一些复兴国学、弘扬民族文化的实践活动。大学应该开设国学方面的选修课，规定必需的学分，研究生则应该设立国学学科的学科点，培养、扶持国学研究的新生力量，积极开展国学走进生活、走向全球的活动。

就教育系统而言，应该把握好三个重要的关节点，举行庄严而隆重的典礼：一是六岁入学典礼，晓之以学习的利他性；二是十八周岁的成人礼（冠礼），告之以社会的担当义务；三是大学的毕业典礼，倡之以修身齐家治国平天下的天职。

在教育系统之外，充分利用市民大讲堂、图书馆、博物馆、俱乐部、活动中心、居委会等公共场所，开展公益性的国学传播活动、国学活学活用活动，鼓励高校科研院所学者走出书斋，到群众中去，做讲座、开专题，鼓励民间国学爱好者走入学校，走入讲堂，彼此切磋，互通有无。要鼓励广大艺术工作者创作大家喜闻乐见、有档次有品位、以为我国历史做出杰出成就、值得大书特书的历史人物的伟大事迹和伟大情怀为主题的作品，比如相声、小品、戏剧、电影等，在弘扬国学上，也应该来一个"大众创新、万众创业"。在古代，民族精神的传播基本上依靠的是全民参与、生活全领域渗透，无论是街头小贩，还是茶楼小厮，由于其对中国精神的信守和传播而获得尊严，总之，要努力让国学回归百姓日常生活，让日常生活重新精神化、尊严化。

在现实的生活空间之外，积极开辟国学的第二舞台，那就是网络世界。教育工作者应该以一种义不容辞的责任感，扫荡网络中的歪风邪气，唱响网络世界的国学最强音。互联网＋国学，互联网应该成为国学灵根再植的一方沃土，需要所有的有识之士倾力奉献。

复兴国学，最关键的是要恢复读书人的身份自觉。在中国传统认知理念中，读书人就是士，无论从事什么职业，都应责无旁贷地担负起"为天地立心，为生民立命，为往圣继绝学，为万世开太平"的使命，"仁以为己任，任重而道远"。但是在现代西方文化的浸淫下，读书越来越局限于一种谋生的手段，读书人似乎成为靠读书卖知识挣钱的脑力劳动者而已，与其他职业人群无异，许多读书人由此堂而皇之地逃避责任。其实，知识是人类进步的成果，书籍是人类进步的阶梯，知识乃天下之公器，读书人接受天下之公器，就天然地对民众、对社会、对人类、对天下多一分责任，多一分担当，"为民前锋""一往直前"。与之相应，在社会大力弘扬正能量，强正弱邪，让大众媒体由无底线媚俗的恶性竞争发展为有尊严的、有理想的、有担当的良性互动，做有良心、有良知的大众喉舌。

兴国学，当以圆中国梦为轴。这体现在两方面：一方面，国学之主源在"五经"，上承两千五百年之精华，下启两千五百年之奋进，但是这五千年并非一帆风顺，乃是"大同社会→小康社会→再大同社会"曲折发展的历程，与之相应，国学也非处处是鲜花、遍地是黄金，可以无选择地适应于一切时代、一切人群。国学源远流长，源头虽清，末流或混，源头虽好，未必人人皆宜，所以国学必须与时俱进、因时而异、因地制宜，换言之，当以今裁古，古为今用。另一方面，今日之中国，非天外来客，乃五千年文明氤氲之中国，乃五千年文明之继续，所以当以国学的精神来剪裁、批判今日之思想，换言之，以古判今，今与古合。总之，今日国学灵根再植，当以圆中国梦为轴，以发掘、丰富、弘扬、完善社会主义核心价值观为宜，以有效抵御传统文化空壳化、筑牢民族的防堤大坝为宜，以凝聚民族力量、抵御民族虚无主义为宜，以正思明德、祛道德自由主义为宜。正如习近平总书记指出的："对历史文化特别是先人传承下来的价值理念和道德规范，要坚持古为今用、推陈出新，有鉴别地加以对待，有扬弃地予以继承，努力用中华民族创造的一切精神财富来以文化人、以文育人。"

参考文献：

[1] 张岱年.张岱年自选集［M］.重庆：重庆出版社，1999：389.

[2] 钱穆.孔子传［M］.上海：生活·读书·新知三联书店，2002.

[3] 杜维明.现代精神与儒家传统［M］.上海：生活·读书·新知三联书店，2013：72.

第十章 乘桴浮于海，孔子的那些异邦追随者

> 令我感到欣慰的是，作为一个传教士，在中国我没有发展一个教徒。
>
> ——卫礼贤

理查德·卫礼贤（Richaid Wilhelm）（1873—1930）是德国著名汉学家、宗教家和传教士，1899 年他以同善会传教士的身份来到中国青岛，在华生活 25 年。由于震撼于"中国生活全体之和谐精神"，卫礼贤对中华传统文化产生强烈的兴趣和发自内心的尊崇，自觉担起中西文化摆渡人的光荣使命，从而在近代基督教传教史、西方汉学史和中西文化交流史上，留下了浓墨重彩的一笔，他本人也被张君劢称之为"世界公民"。

一、勤学好问，学贯中西

卫礼贤，1873 年生于德国斯图加特，先后在爱巴赫路易高等学校、图宾根大学和斯提夫特神学院学习，结业后在武敦堡任耶统新教会（魏玛教会）牧师。早在图宾根神学院读书期间，卫礼贤就"立志专研

神学"。神学院要求青年神学家必须对庞大的思想体系进行过认真研究之后，才能开始学习经籍的诠释、教会史和教义学。卫礼贤学习勤勉，对西方文化广泛涉猎，他欣赏荷尔德林的思想，尊崇歌德，喜欢莎士比亚戏剧，由于成绩优异，他迅速赢得了优等生的声誉。卫礼贤后来深受牧师克里斯托夫·布鲁姆哈持（Christoph Blumhardt）思想的影响，主动要求到当时的德国殖民地中国青岛传教。有趣的是，在中国，这个热忱的基督新教徒遭遇到中华文化的冲击之后，发生惊人的变化，"卫礼贤到中国时是一位神学家和传教士，离开中国时却变成了儒家信徒"。他不无自豪地对张君劢说："我作为传教士没有劝说任何中国人皈依基督教，这对我是一个安慰。"

卫礼贤来到青岛后，第一件事就是如饥似渴地学习汉语，系统地学习汉字。"我学汉语认真到这种程度，以至于我觉得有资格说连睡觉都在学"。他学通了中国文字象形、形声等"六书"，还研究出外国人学习汉语汉字的窍门，并编写《按笔画排列并加注音和翻译的最常用汉字》，提出《关于清朝官话汉字统一的建议》。学习汉语汉字只是基础，最让卫礼贤痴迷的则是学习中华文化和历史。他在青岛结识了一批学识渊博的学者，如周馥、蔡元培、刘廷琛、康有为、辜鸿铭等，他以能得到他们的帮助进行学习而"快活得无法形容"。他拜著名儒家大学者劳乃宣为师，"执礼甚恭""恂恂有儒者气象"，如饥似渴地学习阅读老、庄、儒、墨诸子百家思想，特别是《论语》《易经》《道德经》等中国的儒家和道家经典。卫礼贤如此勤学博问，以致得到"洋儒"之雅号。

卫礼贤不仅通过书籍来了解中国文化，而且通过实践来学习，"发愿研究了解中国之社会及国民性"。在华25年，卫礼贤深入到中国社会和生活的方方面面，他不仅经常来往于胶州湾附近的即墨、胶州、高密、诸城、潍县，走遍全山东，还去过北京、长城、苏州、南京、杭州，到过上海、大同、云岗……每到一处，他细心研究认真考察。无论是中国秀丽的山光水色、悠久的文化古迹还是古朴的民间习俗、错落有致的城乡生活，他都怀有深厚的兴趣和不胜宠爱之情。他还在中国人民和德国殖民者的冲突中，为中国人民发声，调解矛盾冲突，努力促进二者的和解。他积极为中德文化人士牵线搭桥，促进文化交流。

二、精心领会中西文化，努力实现中西合璧，创造新文化

张君劢指出，卫礼贤不是一个文化研究者，而是一个文化经历者，一个文化领会者，由于他，德意志民族对中国的兴趣超越了专业科学的圈子而变得富有活力。卫礼贤对中国文化和西方文化进行深入领会，认为二者各有利弊，主张将中西文化汇通，建立一种基于中国古代智慧的新文化，人类才有美好的未来。

卫礼贤十分尊崇孔子，他取名希圣，字礼贤，自称儒生，到孔墓去祭拜，参观祭孔典礼，烂熟四书五经，不遗余力地向德国乃至整个西方世界推广孔子的思想。"在人类历史上众多的伟大人物中间，恐怕没有第二个人能够像孔子一样，如此成功地让自己的思想精髓得到大众的认可。""孔子建立了一个世纪又一个世纪以来支撑和包含中国文化的精神力量的大厦"。针对当时西方人对孔子的无知和傲慢、中国人的批孔思潮风起云涌，他指出"也许在新的世界里孔子思想中的某些东西注定会消亡"，但是，"其中永恒的东西——自然与文化的和谐这样伟大的真理依然会存在"，"它将是新哲学和人类新发展的巨大的推动力"。

卫礼贤彻底抛弃了西方文化中心论和西方文化优势论的偏见，他指出西方文化的本质是一种机械文明，由于其简易性、实用高效性，因而有很强的生命力，西方文明具有一种强制性，排他性，它瓦解一切本土文明，西方国家进一步通过强权在全世界推行机械文明，这不仅使得西方国家的人民陷入"生活的不断机械化和合理化"，而且将这种"机械化和合理化"用一种居高临下的方式推向全球。"在欧洲，人类已失去对机器的控制权，沦为机器的俘虏。机械科学已日臻完善，但是由于人类思想和灵魂的原始态度被一种无知的憎恨所驱使，人类变得很贫乏。"因此，"人类文明存活的手段——科技今日即使已登峰造极了，然而文明的灵魂却遭受永恒的伤害"。西方机械文明的一意孤行和横行天下，可能导致人类被自己所控制的物质力量所毁灭。

为此，卫礼贤指出，要把人性从时间和空间的束缚下解放出来，需要做两件事："深深地潜入人性的潜意识层次，直至从那个深度往上，所有充满活力的、只能以一种神秘的统合的观照加以体验的道路完全获得自由"，这恰恰是东方的专利，来自于特别是以孔子为主体的中国文化。另一方面，"人性还需要对自主个人的最终的强化，直到其获得能与外部世界的全部压力相匹敌的力量"，这恰恰是西方所长，是西方文明在过去摧枯拉朽、快速发展的原因。卫礼贤指出，只有将这二者结合，在此基础上，"东西方才能成为唇齿相依、彼此都不可或缺的好兄弟"，中西方文化整合，在此基础上创立新的文化，这才是未来人类文化发展的方向，唯有这样，人类才有健全的未来。

所以，在卫礼贤看来，中国人要想在世界生存，就必须学习西方的文明，特别是西方的技术，但是绝不能由此放弃自身的文明，而对于西方社会来说，"古老中国传统的精神中有着可以解决现代社会的所有问题的因素"，中西方相互学习，相互借鉴，"东方和西方就作为相依为命的兄弟相会在一起"。这正是卫礼贤穷其一生所奋斗的目标。

三、精译中西经典、建立研究学院、组建学术团体，促进中西文化交流

卫礼贤在中国生活越久，越是强烈渴望让西方了解中国，让中国了解西方。为此，他不遗余力地翻译了大量的中外作品。在他看来，孔子就是中国的康德，而康德则是德国的孔子。早在 1912 年他与周叔弢合译康德著作《人心能力论》，该书作为商务印书馆"哲学丛书"之一，于 1914 年 9 月出版，1916 年 8 月出第三版，是康德著作最早的汉译本。卫礼贤还和中德学者一起编写《德华词典》，和杜里舒、张君劢合编《德英汉哲学词典》等工具书，为中西文化交流扫除语言障碍，他还举办关于歌德作品和中国哲学、印度哲学以及《圣经》《易经》讲座和讨论会，以促进不同文化传统精神的交会贯通。他积极引荐德国哲学家与中国学者进行交流，他在北京大学教授德国文学，并翻译中国文学作品《西游记》《三国演义》"三言""二拍"《封神演义》等，他"不光向德国人客观介绍中国，而且向中国人客观介绍德国"。

卫礼贤在促进中西文化交流中，最大的成就是将中国的经典翻译成为德文，他翻译的《易经》《论语》《孟子》《大学》《中庸》《礼记》《道德经》《太虚真经》《南华真经》《墨子》《太乙金华宗旨》《吕氏春秋》《孝经》《韩非子》等书，长期以来都是德国的权威译本，并通过德文版再译为英文，而走向整个西方社会，对西方社会认识中国文化产生长远的影响。特别是他在他的老师劳乃宣的帮助下，历时十多年所翻译的《易经》最受推崇，该书被誉为"西方易学史上的《新约全书》"，是西方公认的最准确无误的译本，著名的瑞士心理学家荣格和文学大师黑塞都对他的译本给予极高的评价，荣格指出"在西方，它是无与伦比的版本"，李约瑟博士也称该书为"迄今最佳的《易经》译本"。该书至今已再版 20 多次，成为西方公认的权威版本，相继被转

译成英、法、西班牙、荷兰、意大利等多种文字，传遍整个西方世界。

卫礼贤的译本与别的译本不同之处在于：卫礼贤一方面对中文经典的把握绝不停留在文字的理解上，而是渗透着他对中国人的理解、中国生活的体悟，这些理解既来自他在中国的生活经历和对中国生活的考察，以及与大量学者的深入交流，也来自他对汉文字、中国经典的深入研究。因此，较之德国人的译本，他的中文更地道。另一方面则在于他对德语、德国文化、德国思想的深入把握，所以他的译本是地地道道的德文和德国思维。较之于其他译本，卫礼贤的译本更加圆融、通俗、真实，卫礼贤的译本并不是要向汉学家小圈子证明自己的汉语知识，而是要为全体德国知识界开发隐藏于东方世界的精神财富和人生理想财富，所以卫礼贤的这些翻译作品，成为当时欧洲人民了解中国、吸取东方智慧的重要营养源泉，他为中学西播做出卓越贡献。

卫礼贤的翻译作品也是他中西文化沟通的集体成果。为了更好促进中西文化沟通，1902年，卫礼贤在青岛建立礼贤学院，该学院以"有教无类，一视同仁，中学为体，西学为用"为办学方针，规定"凡入校习德文的少年，必须精通中文"，该校聘请了一些熟读儒家经籍的中国旧文人和新式知识分子担任教员，强调学习中国的思想和西方的自然科技知识，使用德国的教学仪器和教学标准，由于办学成绩优异，1906年清政府赏给卫礼贤四品顶戴。礼贤书院既是一个培养中西兼修的人才基地，也是一个学习共同体，在办学过程中，卫礼贤与教员们一起学习交流儒家经籍，从而对中国古典文化有了深入的理解。1911年辛亥革命以后，卫礼贤与康有为、劳乃宣等一些社会名流、前清遗老在青岛组织"尊孔文社"，以此为依托开展一系列学术活动，在这里人们不仅探讨中国传统文化，也经常进行中西学术交流，既安排中国学者讲授中国文化，也安排德国学者讲授西方文化。1914年为了避免革命党人毁灭古典经籍，于是在礼贤书院里面建了一座藏书楼，藏书楼广收经、史、子、集，亦收藏现代中外文书籍，该书楼除对尊孔文社成员开放外，也对礼贤书院教师及社会上层人士开放。藏书最多时曾经达到3万余册，藏书楼也是中国最早的现代图书馆之一。

1923年，卫礼贤应蔡元培之邀，受聘担任北京大学教授，并创办了"东方学社"。1925年，卫礼贤在法兰克福建立了德国第一个"中国学社"（也称"中国研究所"），卫礼贤在中国学社庆祝会致辞中说："人类新文化将成为全球性的运动。她将不同于由有机联系的部分所构成的各种已有文化，而是一种更高品位的、建立在各种已有文化废墟之上的文化。她要尽善尽美，就得要做两件事：深深地闯入自己的潜意识，直至寻出通向所有生命之门的道路。这就是东方精神。另一方面，她还需要独立的个人殚思极虑，以适应全部外界的挑战。这就是西方精神。从这里可以看出，东方和西方紧密相连，不可分离，更应当为了互补而携手。"中国学社不仅创办了数种汉学研究的报刊，如《中国科学与艺术学报》《中德年鉴》《中国》和《东亚评论》等，学社还主办多种中国文化报告会和展览会，其报告及展览涉及文学、艺术、绘画、建筑、工艺等领域，如1926年不仅举办以"东方和西方"为专题的学术报告会并且邀请了包括胡适、伯希和等在内的一些著名中西学者参加，还举办了内容丰富的"中国艺术展"。1927年3月，学社邀请所有留德中国学生到法兰克福聚会，同年夏天，这些学生又欢聚在法兰克福，参加纪念"乐圣"贝多芬逝世100周年的"音乐之夏"，中国学社年会同时举行，8月上旬还不失时机地举办了"中国音乐周"。中国学子仿照祭孔大典，为贝多芬举行"周礼"祭典，将中国学社的文化交流活动推向高潮，成了轰动一时的新闻。在卫礼贤的努力下，中国学社不仅成为西方人了解中国文化的窗口，也是在德留学生的共同文化家园。卫礼贤热情邀请来德的中国学者如徐志摩、蔡元培、太虚大师等到中国学社演讲、交流。中国学社努力成为中西文化交流的平台。

1930年，卫礼贤在图宾根病逝，当他逝世的消息传到瑞士时，诺贝尔文学奖获得者文学大师赫尔曼·黑塞在柏林出版的《书迷》杂志上发表文章说到："越来越多的人们开始认识到，卫礼贤的毕生事业属于我们这个时代最伟大的事业之一。"1956年，德国迪德利希出版社出版了卫礼贤的传记，其副标题为：中西传道人。同年4月24日，黑塞在苏黎世《世界周报》发表文章评论，对卫礼贤做了客观而诚挚的评价："他是先驱和典范，是合东西方于一身、集静与动在一体的太和至人。他曾在中国数十年潜心研究古老的中华智慧，曾与中国学苑英才交换心得，不过，他既未丧失自己的基督信仰和打着士瓦本·图宾根家乡烙印的德国本色，也未忘记耶稣、柏拉图和歌德，更没有丧失和忘记他那要有所作为的西方式雄心。他从不回避欧洲的任何问题，不逃避现实生活的召唤，不受苦思冥想抑或美学至上的寂静无为主义的蛊惑，而是循序渐进，终于使两个古老而伟大的理想相交相融，使中国与欧洲、阳与阴、知与行、动与静有机结合起来。所以才会产生他那优美动人的语言，就像由他翻译的《易经》那样——歌德和孔夫子同时娓娓而谈，所以他才能对东西方这么多高品位的人产生如此魅力，所以他的脸上才会带着智慧而和蔼、机敏而谐谑的微笑。"

这就是卫礼贤，一位"德意志中国人"，一位"终身尽力谋求中德两国人民之相互了解及增进友谊"的德国人，一位"为在德国乃至整个欧洲弘扬中华文明，为促进中德人民的相互了解和中西文化交流，付出了最后的心血和精力"的"中国人民的忠实朋友""弘扬中国文化的功臣"。

参考文献：

[1]〔德〕卫礼贤.中国心灵［M］.北京：国际文化出版公司，1998.

[2]孙立新、蒋锐.东西方之间：中外学者论卫礼贤［M］.济南：山东大学出版社，2004.

[3]杨武能.卫礼贤——伟大的"德意志中国人"［J］.德国研究,2005（3）：54—79.

[4]魏家园."中学西播"的大汉学家理查德·威廉［J］.社会科学战线，1993（4）：201—207

[5]刘天路.德国传教士卫礼贤的中国观［J］.中国海洋大学学报（社会科学版），2003（4）：53—55.

[6]宋姣.从传教士到"两个世界的使者"——卫礼贤对中西文化交流的贡献［D］.中国海洋大学，2007.

第十一章 百善孝为先，厚植家国情怀

"德才兼备，以德为先"是我们考核党员领导干部的重要标准，对党员领导干部"德"的考核主要通过自我测评、上级测评、平级测评和群众测评来进行，其渠道是职业关系，考核的是职业道德，但是家庭作为人生活的第一场所，家庭关系作为人的第一关系，家庭美德作为人最基本的道德，也应该成为干部考核的重要领域和重要内容，尤其是对党员领导干部"孝"的考核，应该成为干部考核的一个必要内容。理由如下：

（1）百善孝为先，"行仁，当自孝弟始"。众所周知，党员领导干部要"情为民所系，权为民所用"，以全心全意为人民服务为宗旨，但是爱人民的感情从何培养呢？孔子指出，"立爱自亲始"，人的爱心是从对父母的爱开始萌发、生长出来的。一个人如果连"生我、鞠我、拊我畜我，长我育我、顾我复我，出入腹我"的父母都不爱，他会爱人民吗？一个人连父母都不能孝敬，他会全心全意为人民服务吗？显然不可能，所以孔子把那种不爱亲人而爱别人的行为称为"悖德悖行"。孟子则指出："亲亲而仁民，仁民而爱物"，亲爱家人才会仁爱人民，爱家人又从爱父母开始，所以孔子指出："夫孝，德之本也，教之所由生也。"（《孝经》）孝是道德的根本，是教育的基础，所以百善孝为先，不孝者不足以为善，不足以为人民公仆，更不足以为党员领导干部。

（2）中国有以孝选拔和考核干部的传统。自从汉代以来，无论民间还是朝廷，中国历朝历代都把孝作为评价和考核官员的一个重要指标。汉代甚至实行"举孝廉"制度，把孝作为选拔官员的直接依据。有的朝代，把"不孝"定为五刑之首，处以极刑，这些做法固然偏激，不应采纳，但是，对官员"孝"的道德要求则有其合理性。中国政治传统素来"君、亲、师"合一，官员既要有领导力（君），又要有亲和力（亲），还要有道德感召力（师），"举直错诸枉，则民服；举枉错诸直，则民不服"，一个不孝的官员，为群众所不齿，不足以领导群众。

官员的孝德也与忠德相关。事实证明，孝敬父母的人常常会谨言慎行、遵纪守法、勤劳进取，而不孝者则倾向于自私自利、违纪乱法、肆行无忌。爱父母之人，常常会将爱扩大开来，爱家人爱邻人爱朋友爱国人爱祖国，忠于家人，忠于人民，忠于国家，乐于为大众谋福利。所以说，"能孝于亲，则必能忠于君矣，求忠臣必于孝子之门也"。而不孝者则相反，更容易被物欲、情欲、私欲所腐蚀，今天我们既要建立官员"不敢腐、不能腐、不愿腐"的反腐机制，更要制定把"愿腐、敢腐、能腐"的官员淘汰出去的考核机制，二者相辅相成，才能确保政治清明。孙中山先生指出"要能够把忠孝两字讲到做好，国家便自然可以强盛"，"忠孝"俱全应该成为党员领导干部的基本要求。当然这里的"忠"不是忠于某一个人，而是忠于岗位、忠于人民、忠于党、忠于国家。

（3）从历年查处的腐败案例看，大多数腐败官员都存在家庭美德缺失的问题，如婚外情、重婚、虐待老人儿童等。同时，我们发现，几乎所有的人民好干部都是孝子。就腐败官员的父母和子女关系而言，存在三种情况：第一种腐败官员貌似孝顺父母，为了满足父母的错误要求，贪赃枉法，为父母和家人、家族谋求非法利益。第二种腐败官员则是在家不敬父母，抛妻别子，在外大搞婚外情、权色交易、权钱交易。第三种腐败官员与父母反目，对妻儿一味溺爱，纵容犯罪，谋取非法利益。对于第一种官员来说，树立正确的孝观念十分必要，孝并非无原则的顺从，孔子指出"不可违而违，非孝也；可违而不违，非孝也"，陷父于不义，非孝也。孝子应该是诤子，对于父母的错误思想和行为，要"几谏"，不可盲从。从这个角度而言，防范官员腐败，不仅要对官员的太太、子女进行教育，也要对官员的父母进行相应的道德和法律教育，让父母对子女有正确的指导和监督。对于第二种、第三种官员来说，父母是发现其滑向犯罪苗头的最早见证人，如果及时与相关部门沟通，可以有效地遏制其在犯罪的道路上愈行愈远，以致走上不归路。通过对官员"孝"的考核，可以把防腐拒变的防火墙推进到家庭之中，一方面，通过对官员父母的教育，可以消解官员腐败的一个源头，建立正常的家庭关系；另一方面，通过与官员父母的联系，可以尽快发现官员腐败的苗头，防止腐败的发生和蔓延，有效打击腐败现象。此外，通过考核"孝"，可以将那些道德破坏的不孝之子淘汰出干部队伍，以纯洁我们干部的品质。最重要的是，通过对官员考核"孝"，引导官员加强家庭美德修养，家和万事兴，修身齐家治国平天下，接续传统美德，做人格高尚、受人尊重的领导；通过对官员考核"孝"，也进一步向全社会阐明了中国"以德治国"和"依法治国"相结合的政治理念，证明中国共产党是中华民族传统美德的忠实继承者和发扬者。

（4）我国的党纪国法对包括善待父母的家庭美德做出切实的要求。如《中华人民共和国婚姻法》第二条规定：保护妇女、儿童和老人的合法权益。第四条规定：家庭成员间应当敬老爱幼，互相帮助，维护平等、和睦、文明的婚姻家庭关系。第二十一条规定：子女对父母有赡养扶助的义务。于2016年1月1日生效的新的《中国共产党纪律处分条例》第一百二十八条和一百二十九条则明确规定：对于违反公序良俗以及其他严重违反社会公德、家庭美德行为的，应当视具体情节给予警告直至开除党籍处分。以上是对一般群众和党员的普遍要求，对于党员领导干部而言，应该有更高的要求，即使不能要求人人是孝子，但是至少不能是不孝之子。因此党员领导干部应该在率先奉行传统家庭美德上树立榜样，要经得起对"孝"的考核。

对党员领导干部进行"孝"的考核应该从哪些方面着手呢？"孝者，善事父母为孝"，由于"孝"的历史久远，泥沙俱有，鉴于"孝"的复杂性、多元性，不适应使用正面清单，而使用负面清单较好，就此而言，以下几个方面可以考虑：

（1）是否赡养父母，让父母衣、食、住、行无忧？

（2）是否经常看望父母，与父母交流，让父母居宁心安？

（3）父母生病的时候，是否得到及时地照顾和治疗？

（4）是否对父母恶语相加，实施歧视、羞辱、虐待等伤害行为？

（5）对待父母，是否恭敬？对父母正确的批评和良好的建议，是否认真考虑、择善接受？

（6）对于父母严重的错误思想和不当行为，是否加以规劝、帮助改正？

（7）是否利用父母生日或者丧事大操大办，以聚敛钱财，变相贪污腐败？

以上是为人子的基本要求，但是在现实中，有的党员领导干部都难以做到。如有的党员领导干部自己住在洋楼里，却让父母住在地下室；有的党员领导干部以自己的父母没有文化为耻，在众人面前竟然不承认自己的父母；有的党员领导干部对父母呼来喝去，当不要钱的保姆使唤；有的党员领导干部对父母不闻不问，父母生病也不来看一眼；有的党员领导干部嫌弃父母，甚至不让父母碰一下自己的孩子。这一切在社会上产生很坏的影响，大大伤害党员领导干部的公众形象。

对党员领导干部考核"孝",既是人事部门、组织部门的责任,也属于纪律监察部门的工作范围。人事部门和组织部门可以要求党员领导干部在自我测评中加入"孝"的自我鉴定,并通过党员领导干部本人、父母、近家属或者邻居加以验证和查实,对其中涉及到严重违纪违法的"不孝"行为要反馈到纪律监察部门,纪律监察部门则通过受理党员领导干部父母或者近家属等关于"不孝"的投诉,对党员领导干部的"孝"状况进行调查,并将"不孝"情况反馈到人事部门和组织部门,各部门资源共享,分工合作,加强对"不孝"党员领导干部的教育、处理和清理。

今天,"以孝治天下"固然成为历史,但是"以不孝治理国家"则也是违背我们干部宗旨的。习近平同志指出:"成为好干部,就要不断改造主观世界、加强党性修养、加强品格陶冶,时刻用党章、用共产党员标准要求自己,时刻自重自省自警自励,老老实实做人,踏踏实实干事,清清白白为官。"我们要"使那些对群众感情真挚、深得群众拥护的干部,那些说话办事有灼见、有效率的干部,那些对上对下都实实在在、不玩虚招的干部,那些清正廉洁、公众形象好的干部,得到褒奖和重用;使那些享乐思想严重、热于形式主义、严重脱离群众的干部,受到警醒和惩戒,用为民务实清廉的良好形象凝聚党心民心",习近平进一步指出:"思想纯洁是马克思主义政党保持纯洁性的根本,道德高尚是党员领导干部做到清正廉洁的基础。"百善孝为先,万恶淫为首,不忠不孝不仁不义之人,当然应该从党员领导干部队伍中清理出去,只有这样,我们才能赢得人民的忠诚支持。

参考文献:

[1] 朱熹.朱子语类(第二册)[M].北京:中华书局,1994:463.

[2] 孟子.孟子[M].北京:中华书局,2006:315.

[3] 要多到群众最需要的地方去解决问题:习近平在甘肃调研[N].新华日报,2013-02-06.

[4] 积极借鉴我国历史上优秀廉政文化 不断提高拒腐防变和抵御风险能力:习近平主持中央政治局第五次集体学习并发表重要讲话[N].人民日报,2013-04-21.

第十二章　忠恕之道可解西方自由主义之锁

1958 年英国哲学家伯林指出人类社会存在"消极自由"和"积极自由"两种不同核心的自由概念，"哪一个自由概念被曲解都会导致不良后果""我敢说，在这两种含义的背后，有着丰富的人类历史，而且我敢说，仍将会有丰富的人类历史"。

如何耦合和平衡两种自由概念，伯林一筹莫展，其实，儒家智慧"忠恕之道"足资借鉴。

（一）"两种自由概念"及其冲突。伯林指出，所谓"消极自由"即"免于……"的自由，它回答这个问题："主体（一个人或者人的群体）被允许或必须被允许不受别人干涉地做他有能力做的事，成为他愿意成为的人的那个领域是什么？"所谓"积极自由"则是"去做……"的自由，它回答这个问题：什么东西或什么人，是决定某人做这个、成为这样而不是做那个、成为那样的那种控制或干涉的根源？消极自由强调自由的"领地""机会"，着眼于自由者排他性权利；积极自由强调自由的"主体""自主"，着眼于自由者主宰性的权力。显然，这二者都包涵在一个完整的自由概念之中。

但是，实际上，"这两个概念在政治和道德上都曾被歪曲到各自的对立面""历史地看，'消极'和'积极'自由的观念并不总是按照逻辑上可以论证的步骤发展，而是朝不同的方向发展，直至最终造成相互间的直接冲突",甚至"最终导致了支配我们这个世界的意识形态的大撞击"。在伯林看来,20世纪美苏两大阵营的对立和战争其思想根源乃是他们所持有的两种不同的自由概念之战。自由之所以走向背反,伯林认为这是因为我们所追求的价值目标是一个多元谱系,其中涵括自由、安全、幸福、正义、秩序等等,孰轻孰重,孰先孰后,因人而异,因时而异。消极自由观唯自由为尊,无视安全、幸福、正义、秩序等其他价值存在。唯尊自由之排他性权利,无视主体实践自由能力之差异;一味强调自由的抽象权利,无视客观存在的不平等权利状况;高呼对个人领域的绝对保护主义,力倡"不干涉"主义,实则消解"第三方"干预的正当性和合法性,客观上纵容了强者、有能力者、精力充沛、好运者、无所顾忌者等对弱者、无能力者、精力不济者、坏运者、墨守成规者的欺凌和压迫,同时让那些旨在对弱势群体进行救助的意愿和活动陷入"无权""无法""无力"无理"的困境。事实上,消极自由观巩固和扩张了强者的自由,弱化和剥夺了弱者的自由,从而走向自己的背反。积极自由观同样不容乐观。

伯林指出,"自由"这个词的"积极"含义源于个体成为他自己的主人的愿望。我的生活我做主,不为别人所左右。尽管这种"积极"意义的自由观,激活了我们时代那些最有力量的、道德上正义的公众运动,但是,同时我们也看到无数的个体被要求为社会的自由而牺牲全部,甚至包括生命。无数个体在伟大历史理想——公正进步、后代的幸福、民族种族阶级解放,甚或自由本身的祭坛上被屠杀。积极自由观何以催生如此悲剧的后果?伯林对此进行深入分析:自由即"我是我自己的主人",那么"我"应该由哪个"自我"来主宰呢?"灵"的我还是"肉"的我?高级的自我(理性的自我、理想的自我、自律的自我)还是低级的自我(非理性的自我、欲望的自我、现实的自我)?真实的自我(本真的我)还是虚假的自我(现象的我)?再进一步，是"小我"（个人）还是"大我"（集体如部落、种族、教会、国家、社会等）？伯林发现，在究竟"谁统治我"才是真自由这个问题上，积极自由观实际上建立了一个优先体系：非理性＜理性；个体理性＜集体理性＜历史理性。同时建立了一个价值等级体系：自由乃价值体系之至尊者，为了实现最高的价值——人类自由，我们必须牺牲一切其他价值包括个人自由。显然，打着人类（集体）自由的旗号，积极自由可以肆意强制任何个体，掠夺一切个人自由，强（集体）的自由肆意吞噬弱（个体）的自由：积极自由走入背反。西学囿于个人主义之成见，难以走出自由的围城。既然自由关乎人类福祉，两种自由的冲突关乎人类的未来，那么我们可否听从诺贝尔奖获奖者的呼吁，"回到25个世纪以前，去汲取孔子的智慧"，以化解两种自由观的冲突，实现两种自由的耦合呢？本书试对此进行探索。

（二）忠恕之道。何谓"忠恕之道"？孔子学说"一以贯之"之道也。《论语·里仁》："子曰：参乎！吾道一以贯之。"曾子曰："唯。子出，门人问曰："何谓也？"曾子曰："夫子之道，忠恕而已矣。"孔子通过自己的高徒曾参，晓谕大家：自己的学说有"一以贯之"的方法即"忠恕之道"。孔子之道即仁道，"忠恕之道"则是行仁之道、为仁之道，二者是目的与手段、内容与形式的关系。关于"忠恕之道"的内涵，学界一般认为主要包括两方面的含义：一是从积极的方面讲，要"忠"，即"己欲立而立人，己欲达而达人"。二是从消极的方面讲，要"恕"，即"己所不欲，勿施于人"。这两方面不是两个"道"，而是一个"道"（忠恕之道）的两个方面，二者不可分离，相互交织，合为一体，是为"一道"。这里为便于分析，姑且分别把它们称之为"恕道"和"忠道"。

在孔子那里，"忠道"基于人类的价值追求的共性，主要阐述个人对自己以及对他人的道德责任和义务。它回答了积极意义上的"自由"

合法性：什么是我们可以做的？在孔子那里，"忠"道实质上包含四个层面的内涵：

（1）自己的"立""达"，不能以别人"不立""不达"为代价，即"无害原则"。

（2）自己"立""达"之后，有义务帮别人"立""达"。即"穷则独善其身，达则兼济天下"。

（3）自己与别人同"立"、同"达"。即"同生共长""共同发展"。

（4）自己"立""达"涵括别人"立""达"，换言之，"立""达"了别人，自己才算真"立"真"达"。即"先天下之忧而忧，后天下之乐而乐"。

"忠道"的这四种内涵也是四种不同的人生境界，总之，"忠道"要求把个人的"立""达"置于"人—我"结构中来加以设计和实现，强调"人—我"生存（"立"）和发展（"达"）的相关性、互惠性、一致性和整体性。这里不仅涉及到动机的要求，也关切效果的呈现。"立""达"在这里有"积极自由"的意味：自主规划、设计、实现自我，做自己的主人，实现自己的人生意义。但是，与"积极自由观"不同的是，"忠"是从一个广阔的"人—我"共同体的角度来开展的，是建基于对人类价值追求和发展意愿的同质性的认同。人同此心，心同此理，人人都有生存和发展的正当权利和合理要求，应该受到平等关切，不仅排斥以大欺小、以强欺弱的丛林原则，而且强调了作为共同体成员，强大者对弱小者负有义不容辞的携手共进之责。

"恕道"则建基于人类价值追求和发展意愿的异质性、不可通约性，强调"己所不欲，勿施于人"，施诸"己而不愿，勿施诸人"，要求任何关涉到他人的行为一定要尊重当事人的"独立性"，强调"非干涉性"，它包含以下几个层面的意涵：

（1）凡对他人不利或者有害的行为，无论对自己是否有利，都不可以施加于他人。

（2）未经他人允许的行为，即便出于善良意志、美好意愿甚或带来实际利益，都无权施加于他人。

（3）平等的选择权、独立的决策权关乎个人尊严。

（4）个人主权不能转让，不能分割，不能分享，更不能宰制。可见，"恕道"基于消极层面，回答了"什么样的自由是不允许的"，它作为一种"禁止原则""限制性原则"，强调"人—我"关系中的主权对等原则，强调人的自由选择权、自主决断权和自我尊严。

三、"忠恕之道"耦合两种"自由概念"冲突，"忠道"作为一种主体性原则，基于一种积极自由的意涵，着眼于"施方"的责能，成为"人—我"间性的范导性原则；"恕道"作为一种客体性原则，基于一种消极自由的意涵，着眼于"受方"的权限，作为"人—我"间性的限制性原则，二者结合，即为"忠恕之道"。"忠""恕"不可分离，无"恕道"之制约，"忠道"会走入积极自由的悖论，出现单边主义、霸权主义；无"忠道"之范导，"恕道"会走入消极自由的悖论，出现冷漠主义、自利主义。"忠恕"合一，则"发出忠底心，便是恕底事。做成恕底事，便是忠底心"，正如美国学者赫尔伯特·芬格莱特所指出的："'忠信'使得人类社群生活成为可能，而'恕'则使得这一社群更加人道化。这里我们似乎可以模仿康德，缺乏恕道的忠信在伦理上是空洞的，缺乏忠信的恕道在伦理上则是盲目的"。在孔子那里，"忠恕之道"是行仁的方法，"仁"是"忠恕"的内驱力和向导。"仁者爱人"，"仁"存在三个层面的旨趣：

（1）以"人道"对待人。"立天之道曰阴与阳，立地之道曰柔与刚，立人之道曰仁与义"。把人当人看，对任何人的主权、生命权、自由权都平等尊重、一视同仁，己所不欲，勿施于人。任何人的生存权（立）和发展权（达）都应平等关注，立人立己、达人达己，不可偏废。

（2）以"人心"对待人。相信人同此心、心同此理，抱一颗同情心、善良心对待人，以善唤善，推己及人，忠诚待人。

（3）以"成人"对待人。君子成人之美，不成人之恶，仁者以天下为己任，任重而道远。从"仁"出发，"忠恕之道"既承认人的共性（求立、求达），又尊重人的个性（立何、达何），既承认人们有共同的价值追求，又尊重每个人价值的多样性，既不以尊重差异性为借口，逃避人对人的责任，自私自利，麻木不仁；又不打着维护共同性的旗号，粗暴干涉别人的事务，肆意侵犯他人权利。"忠恕之道"从"为"与"不为"两个层面安置积极自由和消极自由的合理空间，耦合了两个自由的概念。在"仁""爱"的基架上，建构起"和而不同"的自由阈限，实现"和实生物、同则不继"的人际法则，建构起"自强不息""厚德载物""恭宽信敏惠"的个人主义，最终实现"无讼""胜残去杀""和为贵"的自由社会。正因如此，忠恕之道不仅成为维系中国几千年民众团结、社会安定的重要纽带，而且在当代被誉为"普世价值的最好典范和说明""全体人类团结的基础"。21世纪人类依然面临五大严重的冲突，人与自然的冲突（生态危机），人与社会的冲突（民族、种族歧视、战争、贫富差距扩大、贩毒卖淫、恐怖组织等），人与人的冲突（道德沦丧、人际疏离等），心灵冲突（孤独、苦闷、失落等），文明的冲突（各文明之间的价值观念、思维方式所造成）"，这些冲突严重地危害人类自由。如何破解这些冲突，建构起全球化时代人类命运共同体的诺亚方舟？也许正如获诺贝尔奖的智者所言，我们应该向孔子求教，从"忠恕之道"中获得智慧的启迪。

参考文献：

［1］〔英〕以赛亚·伯林.自由论［M］.南京：译林出版社.2003.

［2］〔英〕以赛亚·伯林.伯林谈话录［M］.南京：译林出版社.2002.

［3］杨叔子.重读《论语》——兼谈如何读书［J］.理工高教研究.2003（4）：1—5.

［4］孔子.论语·里仁［M］.山西古籍出版社.1999.

［5］成中英.发展全球价值伦理［J］.江淮论坛.2009（2）：115—111.

［6］顾立雅.孔子与中国之道［M］.郑州：大象出版社.2002.

［7］张立文.和合学概论——21世纪文化战略的构想［M］.北京：首都师范大学出版社.1996.

第十三章　孔子"去污名"的艺术与启示

所谓污名，即名誉受到污损；"去污名"，即清除掉施加在自己或者团体之上的坏名誉，并消解其恶劣的社会影响和心理阴影。古语曰："木秀于林，风必摧之。"领导干部由于其特殊的身份和地位，被污名也是常有之事。如何正确对待污名，提高"去污名"的能力，对领导干部来说至关重要——处理得好，乌云散尽，红日普照，皆大欢喜；处理得不好，轻则郁郁寡欢，重则拔刀相向，两败俱伤。

综观孔子一生，污名如影随形，不绝于耳。如何有效"去污名"，赢得生前身后名，孔子为我们提供了重要启示。以下我们通过分析孔子对待"污名化"的几个案例，来领略和学习孔子"去污名"的领导艺术。

案例 1：子路陵暴。春秋时期，礼崩乐坏，天下大乱，孔子兴办"私学"，教以礼乐、晓以大义，反对以暴易暴，倡导以仁德来解决社会战争状态，一时间，声名鹊起，同时也遭到一些人的误解和嫉恨。子路当时是一位好勇斗狠的粗鄙少年，对孔子的主张非常不屑。一天，子路故意穿着奇装异服，在大庭广众之下拦住孔子，加以"陵暴"，痛骂孔子为"懦夫"。面对挑战，孔子不慌不忙，"设礼""稍诱子路"，与子路展开激烈辩论，终于以"君子义以为上，君子有勇而无义为乱，小人有勇而无义为盗"说服子路，化敌为友。其后，子路"儒服委质，因门人请为弟子"，终身追随孔子，成为孔子最忠诚的弟子。自从降伏子路以后，再也无人指责孔子为"懦夫"了。

案例2：南子绯闻。孔子周游列国的时候，其君子之风声名远播，很多人都想一睹他的风采。孔子在卫国的时候，卫国的国君夫人南子派人告诉孔子，任何人想要与卫国国君交好，必须先来见她，她想见见大名鼎鼎的孔子。由于南子年轻貌美，同时有多角恋爱关系，名声很坏，所以孔子的弟子们都主张不见。于是孔子"辞谢"，南子却不依不饶，最后孔子"不得已而见"，结果绯闻满天飞，街头巷尾热论不已。孔子一回来，立刻召开"新闻发布会"，将见面的情况如实告诉弟子们，可是弟子子路还是将信将疑，很不高兴。孔子不想过多纠缠，于是对天发誓："如果我做了你们所猜想的事情，那么天灭了我吧，灭了我吧！"此后，风波散尽，波澜不兴，孔子依然住在卫国，弟子们也多在卫国效力，再无人非议此事。

案例3：丧家之犬。孔子到郑国的时候，和弟子走散，一个人孤零零地站在城东门下。郑国有人看见了，对孔子的弟子子贡说：东门有个人，他的额长得像尧，颈长得像皋陶，肩长得像子产，但是从腰以下比大禹差三寸，瘦瘠疲惫的样子像丧家犬。子贡听了很痛心，把这段话如实告诉孔子。孔子欣然笑道：他描述的形状不一定准确，但是说我像丧家之犬，"然哉！然哉！"

案例4：问津。孔子回蔡国的时候，看见两位隐士在耕田，就派子路问他们渡口在哪里。两位隐士听说孔子问路，讽喻孔子本人清清楚楚知道渡口（出路）在哪里，无须问别人。然后对子路说："天下乌鸦一般黑，谁能改变呢？你与其跟随孔子四处'辟人'，颠沛流离，不如跟着我们'辟世'，做隐士，逍遥自在。"子路如实告诉孔子，孔子惆怅地说："鸟兽不可与同群。天下有道，丘不与易也。"言下之意：物以类聚，人以群分，我孔子是人，岂可离群索居，无视人群的痛苦而避世苟安呢？如果天下太平，我就不会这么颠沛流离地去改变这个世界啦。

以上四个案例，面对来自不同对象的四种污名：惧战的懦夫，走夫人路线甚至以色事人、乱搞男女关系的小人，处处碰壁、穷途末路的丧家犬，不识时务、死不改悔的迂腐夫子，孔子采取不同的方法，一一予以化解，不仅快速消解了污名，而且更加坚定了弟子们对他的支持，强化了团队的凝聚力，也赢得世人及后人的敬仰。

如果我们对孔子的方法加以分析，就会发现对付污名，孔子有以下三策：

（一）一定要有定力。当污名出现的时候，我们要做的第一步就是：一定要有定力。要稳住，不慌张，不愠怒，不冲动，不气急败坏，不逃避，而是不愠不火，稳健以对。俗话说："哪个人前不说人，哪个人后无人说。"被误解、被非议，人人皆不可幸免，并不是什么稀奇的事情，所以首先要做的是冷静，不可为激情所左右做出错误的行为。

（二）一定要有判断力。不惧污名，并非无视污名，而是对任何污名皆需严肃以待，切不可麻痹大意，做到"众恶必察，众善必察"，客观地调查、研究、分析污名产生的原因及后果，对污名进行分类处理，区别对待，一一化解。根据以上事例，我们可以把污名分为三类。

其一，讥讽类。如案例3，这类污名无非是讽刺挖苦、宣泄情绪而已。这一方面可能基于当事人误解，另一方面则因世俗偏见、人情势利、人心凉薄。凡立志做大事者，必会饱尝失败、挫折之考验，历经世俗之白眼、嫉恨、讥讽和嘲弄。对此，怎么办？孔子的办法很简单：一笑置之，自我解嘲。必要的时候，自我嘲讽一下也未尝不可，可以充分展现君子宽广的胸怀、宏大的气量、坚定的意志和不屈的信念，所谓"宰相肚里能撑船"。子曰："人不知而不愠，不亦君子乎？"做大事者必须有大胸怀、大志向、大定力，不因别人不理解自己而生气。子曰："道不同不相为谋。"清者自清，浊者自浊，无须记挂于心，念念于兹，耿耿于怀。

其二，绯闻类。如案例 2，这类污名以捕风捉影、似是而非为特点，自古以来都是吸睛率最高、最为人们所津津乐道的话题。用这些既不能证明其"是"又不能证明其"非"的莫须有的污名来对付一个成功人士、高阶人士，无疑是一条成本最低、回报最高的途径。对此，怎么办？孔子的做法是：事前主动与组织、团队、家人商量和沟通，事中开放透明、依礼而行，事后及时主动汇报、解释说明情况。如果仍然有人怀疑，那么无须再三辩解，以免越描越黑；更无须对质，只要自己表明清白即可。一个人如果光明磊落、问心无愧，何惧之有？"君子坦荡荡，小人长戚戚。"成大事者不可拘小节，绯闻不足以裹足，巷议不惧以前行。

其三，核心类。如案例 1 和案例 4，这类污名则事关核心理念、事业本质，被攻击的不仅仅是个人，更是个人所从事的事业；要瓦解的不仅仅是个人的尊严，更是集体的理想信念。对于这类污名，孔子的应付方式是：奋勇回击、据理力争，摆事实、讲道理，晓之以理、动之以情，或辩论，或座谈，一定要把问题讲清、讲透、讲全，不遗余力地消除其错误认识与负面影响，不成功决不放弃，不达目的誓不罢休，即使不能化污名为美名，也要化污名为"乌有"。

（三）一定要区别对待。在消解污名的过程中，对于污名的制造者、传播者、关注者、直接和间接受害者要区别对待，要考虑到卷入"污名化"事件中的各方不同的行为动机、不同的利益关注，依据"团结一切可以团结的力量"的原则，巩固坚定的支持力量、争取最大的中间力量、孤立顽固的敌对力量，对污名的直接和间接影响及后果做到精准预估，采取有效措施，尽可能地将危害降到最低程度，甚至化消极为积极、化危机为机遇，以被污名为机会，展示自己的高风亮节，扩大影响力、美誉度，展示风采，凝聚共识。

除了以上应对策略，对于被"污名化"，孔子认为至关重要的是要做到三点：一是修己以安人。自己持身要正。"身正不怕影子斜"，唯有己正，方能正人。二是积极弘扬正能量。人能弘道，非道弘人；德不孤，必有邻；举直错诸枉，能使枉者直。三是交善友、处上流、行仁事。要择善而从，有错必纠，弃恶如流。"君子恶居下流，天下之恶皆归焉。""君子去仁，恶乎成名？君子无终食之间违仁，造次必于是，颠沛必于是。"

总之，消解污名既要有宽广的胸怀，不怨天尤人，严以律己、宽以待人，又要有过人的智慧、高超的艺术，挫其锐、正其非，当然还要以真才实学为支撑、高尚人品为力量。在当今法治社会，"去污名"还要求我们充分发挥法律的作用，对于诽谤、污蔑、陷害等违法行为，要以事实为依据，敢于运用法律武器，扬善去恶，维护正当权益。

然而，可惜的是，我们有些领导干部由于不能正确地处理好"污名化"的问题，思想上患得患失，工作中畏首畏尾，甚至走上腐败堕落的道路。正如《贪官忏悔录》所揭露的：有的领导干部曾经清正廉洁，生活朴素，可是由于自己或家人被污名为"穷酸""傻帽""土老帽"，自尊心大为受伤，信念受到冲击，于是大肆贪污受贿、搞权钱交易，为家人或自己疯狂敛财，或沉湎于名车豪宅、花天酒地、奢侈糜烂的生活，最终锒铛入狱，悔之晚矣！有的领导干部也曾兢兢业业、勤勤恳恳工作，却由于各种原因而没有得到及时晋升，于是就被污名为"迂腐""呆子"，家人指责，外人冷眼，于是走上了"送礼陪玩、买官卖官"的道路，整日忙于钻营，为人所不齿。有的领导干部慑于绯闻之类的污名，不敢与异性领导、同事、下属和群众正常交往，以致工作不能正常开展，领导能力受损，贻误事业发展的机遇。有的领导干部则对污名采取闭目塞听的方法，消极应对，自欺欺人，无形中扩大了污名的负面影响，错过了消解污名的最好时机，以致到了不可收拾的地步。

可见，领导干部要不为污名所毁，不但要牢记毛泽东同志所言："扫帚不到，灰尘照例不会自己跑掉。"保持定力，三省吾身，去恶进善，不惧诱惑，而且要牢记陈毅同志所言："第一想到不忘本，来自人民莫作恶。第二想到党培养，无党岂能有所作？第三想到衣食住，若无人民岂能活？第四想到虽有功，岂无过失应惭怍。"同时要学习、借鉴孔子的"去污名"艺术，提高"去污名"能力。

第十四章 大哉孔子

大哉孔子？大哉孔子！孔子何所大？

最早说"大哉孔子"的是达巷党人，他说："大哉孔子！博学而无所成名。"孔子听到以后，对门人弟子说："吾何执？执御乎？执射乎？吾执御矣"。达巷党人讥讽孔子博学而无所成名，大宰却惊叹于孔子之多能，问子贡："夫子圣者与？何其多能也？"子贡说："固天纵之将圣，又多能也。"孔子听说后，说："大宰知我乎！吾少也贱，故多能鄙事。君子多乎哉？不多也。"达巷党人与大宰的评价正好形成一个合围：大哉，孔子！博学而多能，谦让而有礼。

子贡对大哉孔子有富有情感性的描述："夫子之不可及也，犹天之不可阶而升也。夫子之得邦家者，所谓立之斯立，道之斯行，绥之斯来，动之斯和。其生也荣，其死也哀，如之何其可及也？""仲尼不可毁也。他人之贤者，丘陵也，犹可逾也；仲尼，日月也，无得而逾焉。人虽欲自绝，其何伤于日月乎？多见其不知量也。"大哉，孔子，如天之阶，高不可及；如日月在天，高不可毁。孔子究竟高在哪里？"学不厌，智也；教不倦，仁也。仁且智，夫子既圣也！"博学而广教，大哉孔子！

时人之赞，弟子之誉，在孔子生前已习见不奇，孔子逝后，历史学家司马迁在《孔子世家》文尾赞叹到："天下君王至于贤人众矣，当时则荣，没则已焉。孔子布衣，传十余世，学者宗之。自天子王侯，中国言六艺者折中于夫子，可谓至圣矣！"大哉孔子，六艺薪火不绝、斯文在兹，滋养后世！

近代哲学家钱穆在《孔子传》序言中从更加广阔的历史和浑厚的文化高度对孔子做了评价："孔子为中国历史上第一大圣人。在孔子以前，中国历史文化当已有两千五百年以上之积累，而孔子集其大成。在孔子以后，中国历史文化又复有两千五百年以上之演进，而孔子开其新统。在此五千多年，中国历史进程之指示，中国文化理想之建立，具有最深影响最大贡献者，殆无人堪与孔子相比伦。"

张横渠认为读书人当以"四为"为志："为天地立心，为生民立命，为往圣继绝学，为万世开太平"，孔子博学以集大成、广教而成万世师表、立文而斯文不绝、仁德而木铎列国，正是"四为"之最佳范本。大哉孔子，夫复何言！

但是从全球人类发展进程的角度看，我认为孔子之伟大更在于其"立人"。众所周知，1949 年德国哲学家雅斯贝尔斯在《历史的起源与目标》一书中提出"轴心时代"观点，认为从公元前 6 世纪左右，在古希腊、以色列、印度和中国几乎同时出现了伟大的思想家，古希腊有苏格拉底、柏拉图，中国有老子、孔子，印度有释迦牟尼，以色列有犹太教的先知们，他们对人类进行自我反思，形成了不同的文化传统。这些文化传统模铸了这些地区以后文化的发展。换言之，这些先哲先贤对人（自我）的不同反思，形塑了不同的文化发展路径。纵观这些先哲先贤，我们发现，除了孔子，其他人都无一例外走向两个人（感性人和理性人）的对抗、两个世界（此岸世界和彼岸世界）的分裂，最终走向宗教。如印度佛陀有感于人的感性欲望折磨之苦，对人类理性能力缺乏信任，转而寄希望于来生世界以解脱，而苏格拉底则执着于人的理性能力之纯一，蔑视感性欲求之杂多，导致柏拉图理念世界和现象世界二分，最终与宗教合流。老子之"吾有大患，为吾有身；及吾无身，吾有何患"也是天人交战，以天灭人的前奏。但是，在孔子这里，人的感性和理性、兽性与神性却可以相存无碍、相融为一，共存于这个唯一的现实世界之中。所以在这里，天人合一，宗教多余。以孔子为宗师的儒家文化后来被择取为中国文化的主流和主干，如柳诒徵在《中国文化史》中所言："孔子者中国文化之中心也；无孔子则无中国文化"，因此在某种意义上可以说孔子对人的"自我"的反思（即立人）极大地形塑中华民族的自我理解和自我建构，也是中华文明与其他国家文明截然分流的关键所在。

一、孔子发现和树立完整的人的六个层面

所谓"立人"就是在芸芸众生中发现和提炼出人的价值形态，树立新的人格存在，将人的尊严和自信确立起来，为人寻得安身立命之所。我们知道，夏、商、周三代，全民崇拜天神、祖先及社稷、日月、山川等鬼神，孔子所生活的春秋时代依然如此，鬼神崇拜盛行，祭祀成为最大的国事和家事。神的指示乃合法性的最高贵的来源，听于神成为绝对命令。孔子不敢贸贸然否定鬼神的地位，但是他巧妙地以"未知生，焉知死""未能事人，焉能事鬼"，将死亡和鬼神悬置起来，孔子再通过对卜卦之书《易经》，进行伦理化解读，从而将神秘的鬼神启示录转化为现实人生的道德智慧书，将劳民伤财的宗教祭祀活动改造为吊亲感恩的道德实践活动，通过理性悬置和创造性地改造，从而得以凸显人（生民）的地位和人生的意义，实现社会主体和思维主题的转变，从此以后，现实的人，那些活生生的男男女女、老老少少，他们的喜怒哀乐、生老病死、安身立命就成为国家和民众关注的焦点，

在诸鬼神远遁的舞台上，人冉冉立起。

孔子所发现和树立的人是具有六个层面的意涵完整的人：

首先作为身心结合体，人既有饮食男女之欲、喜怒哀乐之情、安身保命之求、脱贫贱入富贵等身体性需求，又有不为物役、不以己悲、克己复礼、超越自我、成人成己成物的心灵性渴望，二者常常相互冲突。在孔子看来，这些欲求都具有其正当性，身心必须和谐，欲望应该满足，但是不可以伤害心灵为代价。心灵应该滋养，须得身体之供养。以心统身，需以礼节之，"非礼勿视，非礼勿听，非礼勿言，非礼勿动"，以身养心，须以乐安之，"一箪食，一瓢饮，在陋巷，人不堪其忧，回也不改其乐。"子曰："富而可求也，虽执鞭之士，吾亦为之，如不可求，从吾所好。"孔子主张在满足基本物欲的基础上升华、转化、超越，"庶之、富之、教之"，将人的感性存在逐步发展为艺术性存在、诗性存在、道德存在。如《诗经》将凡俗之生活，演化为诗性生活、道德生活、艺术生活。

孔子进而发现人作为社会存在物的品格，"鸟兽不可与同群"，"吾非斯人之徒与而谁与？"人自觉其社会性存在，不可超然群外，离群索居，须与生民同呼吸共命运。作为社会性存在，人首先是家庭之人，其次为乡土之人，而后为国家之人，进而为天下之人。小到家人，大到天下人，所有这些现实的、活的人群都是我们要关怀的对象，是我们的生命同在体、命运共同体，是"大我"，爱自己，意味着爱家人、爱乡人、爱国人、爱天下人；安身立命不仅要安自己的身心和命运，而且要安顿家人、乡人、国人、天下人的身心和命运。人天然被嵌入人群之中，人群也应该被纳入心灵之中，人是天下的人，天下是人的天下，处理好人与人的关系、建设好人与人的社会，利群福人，是每一个人的分内之事。

既然社会常常表现为一系列的政治关系和政治制度，所以孔子承认人具有政治存在物的品格。人镶嵌在社会中，社会镶嵌在政治中，政治成为人的另一个品格。每个人总是置身于一定的政治关系、政治制度、政治设计之中，或饱受其害，或深受其福，虽然孔子不曾如亚里士多德般大吼：人是城邦的动物，离开城邦，非神即兽，但孔子指出苛政猛于虎，良政福于人，洁其身不可乱大伦，"不仕无义""仕而优则学，学而优则仕"，人人皆应对政治抱有一份责任，积极谋求政治，"陈力就列，不能者止"，以德配位，以忠守位，以位福民，以福扬名，乃人人不可逃之责任。

从现存的社会和政治中超拔出来，孔子还发现人的历史存在物的品格。人不仅活在现实之中，也活在历史之中。任何一个人的安身立命，任何一种社会和政治的进展，必须用历史的视野来进行规划，都必须从历史的长河中，来获得解读，寻求自己的历史定位和历史价值。如管仲，虽私德有亏，但是他倡导"尊王攘夷"，得以保全民族生命，"微管仲，吾其披发左衽矣"，所以不失仁者之名。人人皆置身于历史之一瞬，生命不再，时不我待，"逝者如斯夫，不舍昼夜""吾岂匏瓜也哉？焉能系而不食"，每个人都应该自觉秉承天命，敬畏天命，自强不息，厚德载物，兢兢业业，唯天命自勉，与时间赛跑，为历史添光，名载千秋。

人还具有文化存在物的品格。人是此前人类优秀文化之继承者和发扬者，又是此后优秀文化之创建者和实践者，负有薪火不灭、文化不绝、化成天下之使命，为此筚路蓝缕、颠沛流离在所不惜。文化是活的灵魂，是物质化的精神，是人之为人的结晶，是社会之为社会的良心。子曰："质胜文则野，文胜质则史，文质彬彬，然后君子。"子畏于匡，曰："文王既没，文不在兹乎。天之将丧斯文也，后死者不得与于斯文也；天之未丧斯文也，匡人其如予何！"斯文在兹，兹事是大，虽生死以之，不敢负也。

最后，人还是意义存在物，具备形而上的品格，具有终极关怀。人在自然之中，又超越自然，一方面作为自然存在物，人源于自然，感恩自然，敬畏自然，"获罪于天，无所祷也"，另一方面，人作为天地人三才之一，"天地设位，圣人成能""天地之大德曰生，圣人之大宝曰位。何以守位？曰仁。何以聚人？曰财。理财正辞，禁民为非曰义"，"人者，天地之心也"，须担当起"赞天地之化育""为天地立心""天人合一"之要责。

孔子为人所立的这六个层面的意涵从何而来？杜维明指出："孔子的思想体现了对人的反思"。"概括地说，儒家的这个传统，后来变成了定义中国文化特色的主流思潮，即不从归约主义的方式来了解人，不简单地定义人为理性的动物、政治的动物，而是对活生生的人这个具体现象从各种不同侧面、不同层次加以理解。"在笔者看来，这种反思既来自对活生生的芸芸众生之观察，又来自对文化典籍、神话故事和历史史实之考察，以及孔子理想信念之创思，集腋成裘，汇聚而成，从而树立起完整的"人"的意涵，为"人"的安身立命建立广阔而宏大的平台，塑造出独一无二的中华民族品格和人格。从此以后，人，无论是走夫小贩，还是达官贵人，都可以通过这六个层面来建构人生的意义和奋斗的方向，以实现人的尊严和价值。对于孔子的这些贡献，钱穆先生曾经大发感慨："孔子为中国历史上第一大圣人。在孔子以前，中国历史文化当已有两千五百年以上之积累，而孔子集其大成。在孔子以后，中国历史文化又复有两千五百年以上之演进，而孔子开其新统。在此五千多年，中国历史进程之指示，中国文化理想之建立，具有最深影响最大贡献者，殆无人堪与孔子相比伦。"

这里有必要说明的是，孔子并非性善论者，也非性恶论者。在孔子看来，"性相近也，习相远也"。作为社会改革家，最要紧的是要"立"什么样的人这个实践问题，而不是"人是什么样的"理论问题，空谈性善性恶，就会沉溺于理论的辩驳，而无助于解决现实问题。关键问题不在于人先天是否善，而是人后天如何习善，为此我们要树立一个"善人"的范本，创造习"善"的生态环境，建立人间的"善"社会。这个"善"的标本星星点点散存于社会人群、历史人物乃至于神话传说之中，孔子集而荟萃之、璀璨之，简言之，发现正能量，凝聚正能量，创造正能量。这就是孔子所发现和创建的"人"。

二、孔子提出"六言"，发现"六能"，弘扬"六德"，人皆可为仁人

孔子不仅看到前文所述的人的六个层面的意涵，而且看到人先天有"六言"，后天有"六能"，用"六能"来培育"六言"，就能够在六个层面上实现自我。

所谓"六言"即六种品德根性。语出《论语·阳货》：

子曰："由也，女闻六言六蔽矣乎？"对曰："未也。""居，吾语女。好仁不好学，其蔽也愚；好知不好学，其蔽也荡；好信不好学，其蔽也贼；好直不好学，其蔽也绞；好勇不好学，其蔽也乱；好刚不好学，其蔽也狂。"

在孔子看来，人人皆有六种品德的根性，即好仁、好知、好信、好直、好勇、好刚，但是要把这些根性发展为德性德行，还需要用后天的"六能"来滋养、培育。这六能即能学、能思、能礼、能乐、能义、能敏。

孔子认为人与人"性相近也，习相远也"，学习造就未来。人人皆有学习的能力，但是并非都有学习的意愿。"生而知之者上也，学而知之者次也，困而学之，又其次也。困而不学，民斯为下矣。"孔子收

徒，有教无类，只要愿学，皆可造之材。

学什么？小六艺＋大六艺。前六艺乃六种技艺，即礼、乐、射、御、书、数，后六艺乃"六经"，即《诗经》《尚书》《礼经》《易经》《乐经》《春秋》六部经典，二者结合，知行合一，内外兼修，德智体全面发展，知其然而且知其所以然。

这些是修身养性、立人立德之基，须知其然更知其所以然。"孔子曰：六艺于治一也，《礼》以节人，《乐》以发和，《书》以道事，《诗》以达意，《易》以神化，《春秋》以义。"（《史记·滑稽列传》）在《礼记·经解》中孔子进一步指出："入其国，其教可知也。其为人也，温柔、敦厚，《诗》教也；疏通、知远，《书》教也；广博、易良，《乐》教也；洁静、精微，《易》教也；恭俭、庄敬，《礼》教也；属辞、比事，《春秋》教也。故《诗》之失，愚；《书》之失，诬；《乐》之失，奢；《易》之失，贼；《礼》之失，烦；《春秋》之失，乱。其为人也，温柔、敦厚而不愚，则深于《诗》者也。疏通、知远而不诬，则深于《书》者也。广博、易良而不奢，则深于《乐》者也。洁静、精微而不贼，则深于《易》者也。恭俭、庄敬而不烦，则深于《礼》者也。属辞、比事而不乱，则深于《春秋》者也。"

结合上面"六言六弊"，我们发现二者是相互对应的。即《诗》以养仁，温柔、敦厚，而不愚；《书》以养智，疏通、知远，而不诬；《礼》以养直，恭俭、庄敬，而不烦；《乐》以养刚，广博、易良，而不奢；《春秋》以养勇，属辞、比事，而不乱；《易》以养信，洁静、精微，而不贼。

此"六经"不仅养"六言"，也用以培养人的六个面向。杜维明先生指出："可以说儒家的'五经'是对人的不同侧面的理解，是五种具有儒家特色的洞见。《诗经》代表对人的感性、艺术性的理解；《尚书》代表对人的政治性、政治理想的理解；《礼记》代表对人的社会性的理解；《春秋》代表对人的历史性的理解；《易经》代表对人的哲学性、超越性的理解。"杜维明先生还进一步明确指出："《诗经》体现人是感性动物，《尚书》体现人是政治动物，《礼记》体现人是社会动物，《春秋》体现人是历史动物，《易经》体现人是追求意义的动物。"笔者非常赞同杜维明的观点，同时除此五经外，还有一经，即《乐经》，今日虽不可见，然其功用不可或缺。六经从六个方面为"人之成长为人"孜孜以营养、敦敦以厚望。子曰："《诗》三百，一言以蔽之，曰：思无邪'。"读《诗》三百，岂不生"存天理灭人欲"之"仁"？读《书》之人，殊不知"大道之行，天下为公""协和万邦""敬德保民"？读《礼》之人，岂会狂狷不羁？读《春秋》则乱臣贼子惧，忠臣孝子成；读《易经》则极高明道中庸，知天命尽人事；读《乐经》则和而不同，和为贵。读《诗》识人性，读《书》识政性，读《礼》识群性，读《春秋》识史性，读《易》识天性，读《乐》识和性。"兴于诗，立于礼，成于乐。"

三、孔子提炼出以"仁"为主体的人的道德体系和以"礼"为核心的社会体系（内圣外王）

虽然人都有学的先天能力，但是后天习性却存在差异，有"好学之人"，有"困而学之人"，也有"困而不学之人"，这就出现如后来孟子所说的先知先觉与后知后觉之别，以及先知先觉教化后知后觉之必要。教育与政治都成为道德教化的平台和抓手，而道德教化的基础则在于自我道德的完善。正人需先正己，正己还要正人，正己即道德修养，正人即从教或从仕，正己包括脱离正人，正人也是正己。这是在不同"位格"之中的道德修养，即职业伦理，从而形成一种对偶式关系中的伦理，以"仁义礼智信"为基本内容的五种基本伦理，即父子关系、夫妇关系、朋友关系、君臣关系、兄弟关系。其他关系以"忠恕之道"对待，实质上是一种拟五常关系，在一切正的关系之中，仁者爱人是最基本的人性和人心，是人为人自身立法的内在法官（这里的人不是个人的人，而是群体中的人），而礼则是外在的法则。正如王夫之所言，"自然者天地，主持者人，人者，天地之心"，出乎仁，合乎礼，就是道德行为。按照道德生活，人就会幸福，国家就会和谐，就会"致中和，天地位焉，万物育焉"。

所以，梁漱溟先生认为："说孔子以后数千年文化赖孔子而开者，其根本点就在二千五百年来大有异乎世界各方，不以宗教为中心的中国文化，端赖孔子而开之。或认真说：二千五百年来中国文化是不以环绕着某一宗教为中心而发展的，寻其所从来者盖甚早甚早。而其局面之得以开展稳定则在孔子。再申言之：一贯好讲情理，富有理性色彩的中国社会文化生活，端由孔子奠其基础。"

所以，在孔子这里，"人是一个艺术的动物，人是一个感性的动物，同时人又是历史的动物，政治的动物，社会的动物，具有超越欲望的动物（即哲学的存在物）"，这样的人，无需托庇于上帝等神秘力量，也不纠缠于无止境的物质欲望，而是丰满的、雅致的、雍容的生存。这样的人所建立的国家和社会，不会纠缠于宗教之无厘头的纠纷与战争，也不会为争权夺利、贪得无厌而斗争不已，因为道德是更高的利益追求，而过有伦理的生活不是约束，而是幸福。政治不是逐利的集团，而是修德的团队。政治的合法性不取决于神，而取决于民，从政的正当性不是权力对权利的支配，而是权力对责任的担当。当官不为民做主，不如回家卖红薯。选贤任能，讲信修睦，是政治的重要任务。

总之，大哉孔子，作为极大影响中华文化的机体构成及其实质运行的孔子思想，概括地讲，其伟大性至少体现在以下几个方面：

1.以伦理替代宗教、用道德驾驭政治，中国得以免于宗教之恶斗，政治之独裁，日渐完善"以德配天""以德配位"的新型政治理论体系和制度结构。

2.培养和塑造了一代代"学—仕—天命"政治精英和社会精英，成为引导民族进步的先行者和脊梁。

3.确立了"人皆可为尧舜"的国民自信和"民为邦本"的民生意识。

4.建构"家国同构，以家为本；忠孝一体，以孝为基"的社会体系。

5.提出"庶、富、教"由"小康"到"大同"的国家发展规划和"仁义礼智信"合于"修身齐家治国平天下"的个人安身立命的发展次第。

6.提出中庸之道与忠恕之道的人际交往和群体之间的处事法则，在此基础上，创生出中国独有的和合伦理与和合思维，这是通向永久和平的道路。

最后，以联合国教科文组织干事泰勒博士的话结束："如果人们思索一下孔子的思想对当今世界的意义，人们很快便会发现，人类社会的基本需要在过去的二千五百多年里，其变化之小，是令人惊奇的。不管我们取得进步也好，或者缺乏进步也好，当今一个昌盛、成功的社会，在很大程度上，仍立足于孔子所确立和阐述的很多价值观念，这些价值观念属于中国，也属于世界，属于过去，也会鉴照今天和未来。"诚如是也。

参考文献：

［1］杜维明.现代精神与儒家传统［M］.北京：读书·生活·新知三联书店，2013：468.

［2］杜维明.现代精神与儒家传统［M］.北京：读书·生活·新知三联书店，2013：468.

［3］杜维明.现代精神与儒家传统［M］.北京：读书·生活·新知三联书店，2013：72.

［4］杜维明.现代精神与儒家传统［M］.北京：读书·生活·新知三联书店，2013：39.

［5］梁漱溟.今天我们应当如何评价孔子［EB/OL］.https://chinakongzi.org/zgkzjjh/lsmyjh/201908/t20190808_199134.htm.

附录

《史记·孔子世家》勘误四则

朱熹:"司马迁才高,识亦高,但粗率""《史记》亦疑当时不曾得删改脱稿""某尝谓《史记》恐是个未成底文字,故记载无次序,有疏阔不接续处,如此等是也"。

朱熹:"迁史所载,皆是随所得者载入,正如今人草稿"。

《史记·孔子世家》是我们研究孔子思想和生平重要的著作,但是由于诸多原因,其中错讹之处不少,为此,我们结合《论语》《史记》《左传》《公羊传》《穀梁传》《国语》等,以及钱穆等历代学者考证和研究的资料,按照史实相符、逻辑相合、尊重共识原则,对之进行勘误,以就教于方家。

一、关于孔子的出生及其姓名

孔子生鲁昌平乡陬邑,其先宋人也,曰孔防叔。防叔生伯夏,伯夏生叔梁纥。纥与颜氏女野合而生孔子,祷于尼丘而得孔子。鲁襄公二十二年而孔子生。生而首上圩顶,故因名丘云。字仲尼,姓孔氏。

解：姓为源，氏则为流，"姓者，统其祖考之所自出，氏者，别其子孙之所自分"（刘恕《通鉴外纪》）。孔子之源是殷商王族子姓，其氏源自孔父嘉。子姓此脉，以孔父嘉为界，之前为殷商王族、宋国公族、宋国上卿，皆为贵族；自孔父嘉之后，家道中落，不复为贵族。其后人四处飘零，有防叔自宋国逃奔鲁国，自此为子姓之鲁国一脉，为了勿忘先祖，乃以孔父嘉之字为氏，即孔氏，孔防叔为宋人，其后皆为鲁人，防叔为孔子之先，自孔防叔以下之子孙，皆以孔为氏。孔氏不复为贵族，而为士族。孔子母亲为颜氏之女，应为姬姓，婚前名为颜徵在，嫁于叔梁纥，应为孔姬氏。野合即野居，孔子父母在尼丘山祈祷的时候，在尼丘山夫子洞生下孔子，孔子早产，脑部尚未发育完整，貌似四周高而中间低的尼丘山，与山有缘，以丘为名，成年以后，以尼为字，排行第二，故名丘字仲尼。

　　丘生而叔梁纥死，葬于防山。防山在鲁东，由是孔子疑
　其父墓处，母讳之也。孔子为儿嬉戏，常陈俎豆，设礼容。
　孔子母死，殡于五父之衢，盖其慎也。郰人挽父之母诲孔子
　父墓，然后往合葬于防焉。

解：依据《礼记·檀弓》"孔子少孤，不知其墓。殡于五父之衢。人之见之者，皆以为葬也。其慎也，盖殡也。问于郰曼父之母，然后得合葬于防"和《孔子家语·本姓解》"孔子三岁而叔梁纥卒，葬于防"，当为三岁丧父。

　　孔子要绖，季氏飨士，孔子欲往，阳虎绌曰："季氏飨士，非敢飨子也。"孔子由是退。

解：《太平御览·礼仪部》：孔子有母之丧，既练，阳虎吊焉。私于孔子曰："今季氏将大飨境内之士，闻诸乎？"曰："丘弗闻之。虽

在衰绖，亦欲与往。"阳虎曰："子谓不然乎？季氏飨士不及子。"

孔子为季氏史，季氏飨士，孔子当往，因在丧中，阳虎黜退，正相宜也。

《孔子世家》中"纥与颜氏女野合而生孔子，祷于尼丘得孔子。鲁襄公二十二年而孔子生。生而首上圩顶，故因名曰丘云，字仲尼，姓孔氏。"此句有三不顺，三不实。

三不顺：一曰句不顺。语句重复累赘，如"生孔子""得孔子""孔子生"。二曰逻辑不顺。如说孔子之名来自于"生而首上圩顶"。三曰次序不顺。通常介绍一个人，其次序为姓—氏—名—字—号。人之生，其姓来自于远祖，氏来自于近祖，名来自于父母，字来自于成年以后，由尊长所给，号则常常是立业之后自己或朋友所取。无论按照时间发生的先后次序，还是尊者优先的道德原则，都应依次说明。

三不实：一曰姓不实，孔子姓子，孔是其氏。"姓者，统其祖考之所自出，氏者，别其子孙之所自分。"（刘恕《通鉴外纪》）孔子远祖为商王，子姓，中祖微仲为庶出，子孙另立氏族，到近祖弗父何为五代，子孙别立氏族，为孔氏。

二曰野合不实。野合有虚指，有实指。虚指指男女双方的结合方式（婚姻）不合礼不合法，"野"在此与"文"相对；实指则指男女双方发生性关系的地点在四郊以外，而不在城邑之中或者说在家中。"野，郊外也"（《说文解字》），"野"在此与"城"或"家"相对。孔子父母的情况应该属于后者，何以知之？有四个证据：其一，《孔子家语》有载："纥虽有九女而无子，其妾生孟皮，孟皮一字伯尼，有足病，于是乃求婚于颜氏。颜氏有三女，其小曰徵在，颜父问三女曰：'鄹大夫虽父祖为士，然其先圣王之裔，今其人身长十尺，武力绝伦，吾甚贪之，虽年长性严，不足为疑，三子孰能为之妻？'二女莫对，徵在进曰：'从父所制，将何问焉？'父曰：'即尔能矣。'遂以妻之。徵在既往，庙见。以夫之年大，惧不时有男，而私祷尼丘之山以祈焉。生孔子，故名丘而字仲尼。"唐司马贞在《史记索隐》也做了类似阐述，这些表明孔子父母的婚姻是完全正当合礼的（求婚、问婚、妻之、庙见），但是他们对于生子很没有信心：一怕孔父年大不能生，二怕生女不生儿，三怕生儿不健康。于是他们按照当地风俗，到尼丘山祈祷求子，并住在山上，直到怀孕生下孔子。（尼丘山340米高，为昌平附近第一高山）为了纪念和感恩尼丘山，他们给孔子取名丘，孔子成年后，取字为仲尼，一者与名呼应，以表顺父之意，二者与兄长之字（伯尼）呼应，以表敬长之心。其二，孔母死后，孔子在获知其父墓地之后，将父母合葬于防。防是孔子家族在鲁国的家族墓地（在孔子之后改为曲阜），孔母能够葬于孔氏家族墓地，并与孔父合葬，足以见其婚姻的正当性，孔子的合葬行为，不仅没有遭到任何非议，而且赢得鲁国人的认可和赞美，如孟孙氏夸赞孔子为圣人之后，年少好礼，嘱咐儿子向孔子学礼。当孔鲤出生的时候，鲁君特地送鱼以示庆贺。其三，孔子将哥哥的女儿许配给自己的学生南容，代兄嫁女，可见孔子不仅得到家族认可，而且实际上成了大家长，其在家族中的地位毋庸置疑。其四，如果孔子是父母在尼丘山的非礼产物，那么在孔子那里，尼丘山应该是一个避讳之处。但是，实际上，孔子不仅取名为丘，字仲尼，让尼丘二字终身相随，而且尼丘山也是他成年之后常去之处，"子在川上曰：逝者如斯夫"，据说就发生在尼丘山；而孔子心念不已的"浴乎沂，风乎舞雩，咏而归"的美好生活就在尼丘山附近，孔子晚年写《春秋》处，也在尼丘山附近。可见，尼丘山在孔子那里充满美好的回忆。

三曰姓名来历不实。前面已经提到，孔子的姓名与他出生时候的形象并不吻合，没有内在关系，孔子的姓名只与他出生前父母的祈祷活动有关系。在中国古代，有祈祷神灵生子的习俗，据说生下的孩子会受到该神灵的庇护，所以常常以姓名铭记之，甚至认之为干父母。至于《白虎通·姓名》认为"孔子首类尼丘山，盖中低而四旁高，如屋宇之反"，此说依然附会。因为尼丘山乃五山并起，其中最高的即尼丘山。

综上所述，可把上句校勘如下：

纥与颜氏女祷于尼丘，野合而得孔子。鲁襄公二十二年，孔子生，子姓孔氏，名丘，字仲尼。

二、关于孔子周游列国之前的仕途及去鲁周游的原因

周游列国之前，正是孔子一生之中最为难得的政治实践黄金时期。关于孔子在鲁国的仕途，以及孔子离鲁之原因，《孔子世家》前后有很多自相矛盾的阐述：先则曰："孔子贫且贱。及长，尝为季氏史，料量平；尝为司职吏而畜蕃息。由是为司空。已而去鲁，斥乎齐，逐乎宋、卫，困于陈蔡之间，于是反鲁。"再则曰："其后（定公九年，孔子年五十）定公以孔子为中都宰，一年，四方皆则之。由中都宰为司空，由司空为大司寇"。继之曰："定公十三年夏……将堕三都……十二月，公围成，弗克""定公十四年，孔子年五十六，由大司寇行摄相事……与闻国政三月""齐人闻而惧，……陈女乐文马于鲁城南门外……桓子卒受齐女乐，三日不听政；郊，又不致膰俎于大夫。孔子遂行，宿于屯……桓子喟然叹曰：'夫子罪我以群婢故也夫。'"

以上阐述为我们勾画出两幅孔子从仕和去鲁图景：（1）"鲁季氏史，司职吏→鲁司空→去鲁→周游齐、宋、卫、陈、蔡→反鲁"（2）

"50岁任中都宰→51岁任司空→大司寇→55岁堕三都失败→56岁任大司寇摄相→56岁去鲁"。究竟孰为真相？

我们知道，孔子说过："吾少也贱，故多能鄙事"，孟子也指出"孔子尝为委吏矣，曰：会计当而已矣。尝为乘田矣，曰：牛羊茁壮长而已矣"这些说明孔子曾经担任过季氏的委吏（管理仓库的小吏）和乘田（管理牛羊的小吏）。那么，孔子何时从事这两个工作呢？可能在15岁之前。孔子回忆人生，必从15岁说起，"吾十有五而志于学"，15岁对于孔子来说何以脱胎换骨，刻骨铭心？15岁的孔子可能受到以下刺激：母亲出世，成为孤儿；无意中发现自己显赫的家世；赴季氏宴受同事阳虎嘲弄。于是孔子毅然辞掉季氏家的工作，专心致志于学习，重振祖先门楣。孔子学业大进，2年后鲁国大夫孟孙氏提议向孔子学习，再3年，孔子生儿，鲁国国君竟送鲤鱼以示庆贺。孔子可能在27岁的时候已经办学授徒（据《左传·昭公十七年》载，公元前525年郯子来朝，孔子向之求教；据《韩诗外传》载，孔子求教途中路遇程本子，命弟子子路赠帛）。孔子30岁的时候，"三十而立"，有从政的意愿，但是鲁国国政为以季平子为首的三桓所把持（从公元前535年到公元前505年），季平子专权跋扈，"八佾舞于庭""旅于泰山"，"三家者以《雍》彻"，甚至让鲁昭公流亡致死。孔子拒绝与他们合作，因此不仕，专心于教学。公元前505年季平子死，继位的季桓子被家臣阳虎所控制，阳虎与公山弗扰发动叛乱，邀孔子出仕，孔子终究不从。直到公元前501年鲁国剿灭阳虎之乱以后，鲁定公任命孔子为中都宰（孔子51岁），孔子始仕。由中都宰到司空（52岁）到大司寇（52岁）到大司寇摄相（54岁），一帆风顺。但是在"堕三都"之后孔子命运急转而下。《孔子世家》对这些情况的描述存在错误有三：

（1）时间错误。"堕三都""孔子任摄相""孔子去鲁"在《孔子世家》那里分别发生在定公十三年、定公十四年，而实际上它们都发生在定公十二年，即公元前498年。理由如下：第一，据《史记·鲁周公世家》："十二年，使仲由毁三桓城，收其甲兵。孟氏不肯堕城，伐之，不克而止。季桓子受齐女乐，孔子去。"第二，据《史记·十二诸侯年表》："（鲁定公十二年）齐来归女乐，季桓子受之，孔子行。""（卫灵公三十八年）孔子来，禄之如鲁"（同鲁定公十三年），"（陈缗公六年）孔子来"（同鲁定公十四年）。年表清楚地描画出孔子的行迹，即定公十二年在鲁国，十三年在卫国，十四年在陈国。这也为《史记·卫康叔世家》《史记·陈杞世家》所印证。第三，《左传·定公十二年》《春秋公羊传·定公十二年》中关于"堕三都"的描述基本与《孔子世家》相符，但是时间都为定公十二年。因此，崔述曰："孔子之去鲁当在定公十二年秋冬之间，《孔子世家》误也。"钱穆先生也持此观点。

（2）"堕三都"的理由及安排不合理。关于"堕三都"，《孔子世家》写到："孔子言于定公曰：'臣无藏甲，大夫毋百雉之城'，使仲由为季氏宰，将堕三都。"而《左传·定公十二年》则写到"仲由为季氏宰，将堕三都"。《公羊传》曰："孔子行乎季孙，三月不违，曰：'家不藏甲，邑无百雉之城。'于是帅师堕郈、帅师堕费"。《春秋》则写到"叔孙州仇帅师堕郈""季孙斯、仲孙何忌帅师堕费"。那么，究竟"堕三都"是谁的主意，由谁负责？如何运作？"堕三都"的理由究竟是什么？从孔子作为大司寇和子路作为季氏宰的身份看，"堕三都"应该是孔子的主张，由孔子主持。因为季氏宰是季氏家臣，而大司寇是鲁国公臣，"大司寇之职，掌建邦之三典，以佐王刑邦国，诘四方"，孔子有权依据周制，诘于四方。按照周朝礼制，侯伯城方五里，长三百雉，其大都长百雉；其中都长六十雉，其小都长三十三雉又一丈，而鲁国作为侯国，卿大夫三桓的采邑城竟然长达百雉，显然全部违制，有百雉之长，属于可诘范围。《孔子世家》指出"堕三都"的理由是"臣无藏甲，大夫毋百雉之城"，而《公羊传》则认为是"家不藏甲，邑无百雉之城"，显然后者更符合事实、更符合周礼、也更符合策略。前者针对的是人，是臣，是大夫，后者针对的是制度，是家，是邑。前者有明显的倾向性，后者则显得客观公正。《周礼》对于家（卿大夫的封地）、邑（费邑、郈邑、成邑）的建制都有明确的规定，所以，"堕三都"属于照章办事，以此为理由，就可以让"强君弱臣"的隐含目的正当化，既师出有名，又避免受到三桓的抵制。在具体操作方面，《孔子世家》认为孔子派子路为季氏宰，以堕三都，俨然孔子是总指挥，而子路是总经理。实际上，春秋时期，家与国权限分明（类似于现代西方的联邦制），孔子作为鲁国之臣，无权任命季家之宰，季家之宰也无权对另外两家堕都，所以子路不可能是总经理，孔子以区区君命，也无法调控各家，特别是在堕成邑的时候，鲁君亲自帅师围城。综上可见，"堕三都"的总裁是鲁君，总指挥是孔子和三桓，子路是堕费都的主力。堕三都之所以功败垂成，是因为领导层的分崩离析：三桓拒绝堕成邑，鲁君孤掌难鸣，最终妥协。

（3）孔子离鲁原因肤浅。孔子何以离鲁周游列国？《孔子世家》给予的理由简言之：齐国阴谋论（即齐国送女乐文马，以沮鲁国君臣之志）、红颜祸水论（即鲁君臣受女乐文马，怠于政事）、祭肉之怨论（即鲁君没有送祭肉给孔子，孔子没有面子，愤而辞职）。关于祭肉论，孟子批判道："不知者以为为肉也，其知者以为为无礼也。"孔子不怨祭肉，怪鲁君无礼。关于红颜祸水论，钱穆质疑道："岂公伯寮不如群婢，天之大命，由群婢所掌握乎？孔子去鲁在外十四年，亦岂优哉游哉维以卒岁之谓乎？尤其于孔子堕三都之主张不得贯彻一大关键反忽略了，使人转移目光到齐人所归女乐上，大失历史真情，不可不辨。《孟子》曰："孔子为鲁司寇，不用"，不特指女乐事，始为得之。至于齐国阴谋论，更是不值一提，齐亡鲁之心不死，无论昔日齐惠公支持鲁国襄仲杀嫡立庶，造成鲁国"从此公室卑，三桓强"的局面，还是后来的陪臣叛乱（阳虎、公山不狃、侯犯等叛乱的家臣失败后无不逃到齐国），无不有齐国的精心策划。这些确实发生在孔子离鲁之前，但不是孔子离鲁的根本原因，孔子离鲁，根本原因有三：其一曰失望，对自己的学生孟懿子和公伯寮失望，破坏"堕三都"的主要对手竟然是自己的弟子，情何以堪？对季桓子和叔孙氏失望，二人鼠目寸光，"堕三都"之于他们，不过是借以清除家臣篡占、重新控制封邑的手段而已，何曾有克己复礼、安国兴邦之宏图大志？对鲁君失望，外屈强齐，内惧三桓，妥协退让，苟且偷安，如何担当行仁道、复周礼、兴东周之大任？"今之从政者何如？"子曰："噫！斗筲之人，何足算也？"其二曰无望。孔子以大夫身份而行卿相之权，类似招聘雇佣制，鲁国君臣以他实验"周礼治国"的改革模式，"三月不违"，如今堕都不行，三桓不从，鲁君不礼，特别是祭肉不送，实际上已经是端茶送客的架势，孔子断无恋栈不走之理。其三曰希望。孔子四十不惑，坚信"文在兹""德不孤，必有邻""人能弘道，非道弘人""苟有用我者，期月而已可也，三年有成"；五十而知天命，"道之将行也与，命也；道之将废也与，命也。""天不丧斯文""夫道既已大修而不用，是有国者之丑也"，天下这么大，鲁国容不下，自当寻找可以容、可以行的国家。所以孔子之离鲁，既有无奈，也不无期待，是从弘道的角度做出的理性决定。

三、关于孔子周游列国的路线图

孔子如何周游列国，是《孔子世家》的重头戏，但是遗憾的是，《孔子世家》所描述的线路不仅存在前后不一的问题，而且相互抵牾，甚为混乱：先前描述的路线：去鲁→斥乎齐→逐乎宋、卫→困于陈蔡之间→反鲁；其后描述的路线：去鲁（定公十四年底）→适卫十月（定公十五年）→过匡过蒲一月→返卫，见南子（定公十五年）→一月后去卫过曹适宋（哀公元年）→适郑至陈（定公十三年）→居陈三岁后，去陈过蒲适卫（哀公元年）→欲适晋，未达，返卫→去卫适陈（哀公三年）→迁于蔡（哀公三年）→自蔡如叶（哀公六年），返蔡→迁蔡三年，适楚，困于陈蔡之间（哀公六年）→自楚返卫（哀公六年）→自卫归鲁（哀公八年）。后一路线完全按照《孔子世家》记载顺序还原。

两个路线图不仅相互抵牾，而且特别是第二个路线图极其混乱，如何勘误？下面一一道来。（1）依据《孔子世家》，可以肯定的是，"斥乎齐"不符合事实，"斥乎齐"发生在公元前517年左右，此在孔子任司空之前，而不是后来的周游列国。（2）关于孔子"去鲁"的时间，钱穆认为"孔子犹不欲急去，且待春祭，由于不送大夫祭肉，乃始行，此应在定公十三年"。钱先生此言谬矣。孔子所等的祭肉不是春祭，而是冬祭。《左传·定公八年》："冬十月，（阳虎）顺祀先公而祈焉。辛卯，禘于僖公。"可见鲁国冬祭，《史记·鲁周公世家》和《史记·十二诸侯年表》都指出："定公十二年，孔子去"，所以孔子去鲁的时间应为定公十二年底，即公元前498年。（3）因此相应的，"第一次居卫"的时间应为定公十三年，此与《卫康叔世家》《史记·十二诸侯年表》吻合。（4）此外，钱穆认为孔子初到卫国，没有见到卫灵公，这也于事实不合。《孔子世家》指出，孔子不仅见到卫灵公，而且卫灵公给了孔子致粟六万的薪酬。《卫康叔世家》《十二诸侯年表》也予以印证（"卫灵公三十八年，孔子来，禄之如鲁"）。孔子居卫十月之后，离开卫国，经过卫国的匡、蒲两地之后，又回到卫国，并见到夫人南子。此事应发生在定公十四年春夏之交，《孔子世家》中将孔子过蒲错讹为两次，其实应为一次。孔子见南子以后，由于对卫灵公失望，于是离卫去陈，此应为定公十四年即公元前496年秋冬之际，孔子在此年第一次到陈国，此与《十二诸侯年表》《陈杞世家》相符（"缗公六年，孔子适陈"）。（5）孔子如何由卫适陈？《孔子世家》描述的路线是"去卫过曹适宋适郑至陈"，但是《宋微子世家》有言："宋景公二十五年，孔子过宋，司马桓魋欲杀孔子"，此时为公元前492年即鲁哀公三年。可见孔子此次走的不是"曹—宋—陈"路线，而是"卫—郑—陈"路线。（6）孔子何时第二次来卫？孔子在陈国住了三年，公元前493年即鲁哀公二年春孔子离开陈国到蔡国再到卫国（《管蔡世家》"蔡昭侯二十六年，孔子如蔡"），曾打算去晋国，未济，返回卫国，公元前493年卫灵公逝世之后，冬十月，孔子可能在参加卫灵公葬礼以后，离开卫国，公元前492年经曹适宋适郑回到陈国，其中在宋国遇到桓魋伐树，在郑国遇到"丧家狗"之讽。（7）孔子何时去楚？公元前491年孔子自陈迁到蔡，在蔡国住了3年，公元前489年到孔子应楚昭王之邀赴楚国，途中有陈蔡之困，昭王派叶公将他们接到楚国叶县，孔子与叶公论政，欲见楚昭王，因为昭王逝世，乃于同年从楚国叶县经蔡地返回陈国。（8）孔子何时归鲁？关于孔子自卫归鲁的时间，几乎没有争议，有争议的是，孔子何时从楚国到卫国？《孔子世家》说"于是孔子自楚反乎卫，是岁也，孔子年六十三，而鲁哀公六年也"，即哀公六年归卫。但是《卫康叔世家》则言：卫出公"八年，齐鲍子弑其君悼公。孔子自陈入卫。九年，孔文子问兵于仲尼，仲尼不对。其后鲁迎仲尼，仲尼反鲁"，认为卫出公八年即鲁哀公十年归卫，那么，鲁哀公六年到哀公十年，孔子究竟在卫国还是陈国？钱穆认为：鲁哀公六年，"吴伐陈，孔子去陈。绝粮于陈、蔡之间，遂适蔡，见楚叶公。又自叶反陈，自陈反卫。"钱穆的阐述比较混乱：蔡当时与楚敌对，怎会在蔡见楚叶公？适蔡又何以变成适叶？《孔子世家》明明写到"去叶，反于蔡"，又何以变成"自叶反陈"？钱先生认为孔子于哀公六年归卫，金景芳先生则认为"鲁哀公十年，即公元前485年，孔子一行从负函回到了陈国。在陈国稍事停留，又继续北上，经宋国的仪邑、卫国的蒲邑，回到了卫都帝丘"（《孔子新传》）。综合以上，哀公十年归卫说比较合理。不过要补充的是，如《孔子世家》指言，哀公六年孔子由叶到蔡再到陈，鲁哀公十年由陈来卫，第二年即鲁哀公十一年（公元前484年）冬，季康子派人以币迎孔子，孔子归鲁。

所以，孔子周游列国的具体路线图为：去鲁（定公十二年冬，公元前498年）→第一次适卫（定公十三年）→第一次适陈（定公十四年）→第一次适蔡（哀公二年）→第二次适卫（哀公二年）→第二次适陈（哀公三年）→第二次适蔡（哀公四年）→第一次适楚（哀公六年）→第三次适蔡→第三次适陈→第三次适卫（哀公十年）→归鲁（哀公十一年，公元前484年）。从公元前498年鲁定公十二年冬到公元前484年鲁哀公十一年冬，孔子周游列国14年，由54岁知天命之年到68岁耳顺之年。

四、《孔子世家》中令人质疑的礼遇

（一）孟釐子诫子师孔

孔子年十七，鲁大夫孟釐子病且死，诫其嗣懿子曰："孔丘，圣人之后，灭于宋。其祖……今孔丘年少好礼，其达也欤？吾即没，若必师之。"及釐子卒，懿子与鲁人南宫敬叔往学礼焉。是岁，季武子卒，平子代立。——《史记·孔子世家》

　　《孔子世家》指出：孔子17岁的时候，鲁国三桓之一的孟孙氏命令嫡子孟懿子拜孔子为师，这可信吗？如果是真的，那么孔子17岁就已为人师表，而且第一个弟子是鲁国的世袭大司空。更让人震撼的是，据钱穆先生考证，这位未来的大司空此时还没有出生（孟懿子出生于鲁昭公十二年，比孔子小21岁）。显然《孔子世家》这段记叙存在错讹之处。但是并非无稽之谈。《左传·昭公七年》对此事做了比较详细地说明："三月，公如楚，郑伯劳于师之梁。孟僖子为介，不能相仪。及楚，不能答郊劳。""九月，公至自楚。孟僖子病不能相礼，乃讲学之，苟能礼者从之。及其将死也，召其大夫曰：'……今其将在孔丘乎？我若获没，必属说与何忌于夫子，使事之，而学礼焉，以定其位。'故孟懿子与南宫敬叔师事仲尼。"（注：所引《孔子世家》和《左传》的引文中省略号的地方基本相同），两段史料表明孟孙氏诫子师孔为真，《论语》中也有孟懿子问孝之语。为此，钱穆先生认为司马迁弄错了时间，此事应发生在昭公二十四年，当时孔子34岁，授徒设教已多年，声名远播，所以孟孙氏诫子师孔。钱先生解决了诫子师孔时间上的难题，但是钱先生没有解释孔子17岁与此事的关联，如果我们把两段史料加以精细化分析，会发现《孔子世家》实际上把两个事件混为一谈：其一，孔子17岁那一年，鲁国大夫孟孙氏由于不会相礼，在外交上处境尴尬，深以为耻，回国后，听说圣人之后孔丘年少好礼，十分欣赏，告诉其家大夫，以后要让子孙向孔子学习。其二，孔子34岁的时候，孟孙氏病重将死之际，告诫其嫡子，要他们拜师孔子，向孔子学礼。这两个事件不能相互否定，但要甄别分明。

　　因此，《孔子世家》这段史料必须加上脱漏的部分，才符合事实。即孔子17岁，年少好礼，声名在外，孟孙氏赞之，认为孔子必达。孔子34岁的时候，孟孙氏诫子师孔。

（二）齐景公欲以尼溪田封孔子，晏子沮之

> 景公说，将欲以尼溪田封孔子。晏婴进曰："夫儒者滑稽而不可轨法；倨傲自顺，不可以为下；崇丧遂哀，破产厚葬，不可以为俗；游说乞贷，不可以为国。自大贤之息，周室既衰，礼乐缺有间。今孔子盛容饰，繁登降之礼，趋详之节，累世不能殚其学，当年不能究其礼。君欲用之以移齐俗，非所以先细民也。"后，景公敬见孔子，不问其礼。——《史记·孔子世家》

齐景公封田的故事发生在鲁昭公二十五年，35 岁的孔子追随鲁昭公来到齐国，齐景公问政，孔子回答甚好，景公大悦，欲以尼溪田封孔子，后因晏子阻挠而放弃。关于此事，钱穆认为"前人竞致疑辨"，认为"不可信"，不予采用，实际上断然否认其真实性。

但是，此事不仅《孔子世家》有载，《晏子春秋》《墨子·非儒下》《吕氏春秋·高义》《说苑·立节》《孔子家语·六本》都提及此事，所以不能轻易否定。其中《晏子春秋·外篇》的内容与《孔子世家》基本一致（《晏子春秋》封在"尔稽"），而《墨子·非儒下》关于"景公封田、晏子沮之"的内容与《孔子家语》大体一样，但不同的是，它把多年后孔子派子贡"乱齐存鲁破吴强晋霸越"的故事恶意联系一起，认为孔子因封田不成，怀恨在心，把范蠡推荐给田常，三年之后，派子贡挑动田常为乱，齐乃有破国之难。孔子适齐，与子贡乱齐，相差30 年之久，墨子对两个无关事件如此恶意链接，其心可诛，但我们也不能由此否定两个事件的存在。《吕氏春秋·高义》《说苑·立节》《孔子家语·六本》关于此事，则是另外一个版本："孔子见齐景公，景公致廪丘以为养。孔子辞不受，入谓弟子曰：'吾闻君子当功以受禄，今

说景公，景公未之行而赐之廪丘，其不知丘亦甚矣'。令弟子趣驾，辞而行。"在此，封地由"尼溪"变成"廪丘"，"晏子沮"变成"孔子辞"。可见，"景公封田"其实存在两个版本："晏子沮之"和"孔子辞之"，《孔子世家》应予以说明。

关于"晏子沮之"的理由，《孔子世家》与《晏子春秋》《墨子》最大的不同在于，前书有"滑稽倨傲，游说乞贷"之说，后两书皆无，崔述指出，"滑稽倨傲，游说乞贷"唯战国以后才出现，所以"此文乃战国以后墨氏之徒之伪撰以攻吾儒者，以晏子之俭，故托之"，而梁玉绳则认为晏子贤，与孔子友善，"沮封尼溪，必无之事"。其实，对于政治家而言，国家利益至高无上，个人情谊何足道焉。作为务实的忠臣，晏子定然从齐国现实利益出发，断不会因私谊而取舍。至于"滑稽倨傲，游说乞贷"，可能有司马迁以晏子之杯浇心中块垒之意，因为此种现象在西汉武帝之时，颇为盛行，司马迁甚为不齿。

综上所述，我们不能否认"景公封田"的史传，但是在指出"晏子沮之"的同时，也应该指明，还有"孔子辞之"的说法。至于"滑稽倨傲，游说乞贷"之不合事实之处，则应加以删除。

（三）楚昭王将以书社地封孔子，子西沮之

昭王将以书社地七百里封孔子。楚令尹子西曰："王之使使诸侯有如子贡者乎？"曰："无有。""王之辅相有如颜回者乎？"曰："无有。""王之将率有如子路者乎？"曰："无有。""王之官尹有如宰予者乎？"曰："无有。""且楚之祖封于周，号为子男五十里。今孔丘述三五之法，明周召之业，王若用之，则楚安得世世堂堂方数千里乎？夫文王在丰，武王在镐，百里之君，卒王天下。今孔丘得据土壤，贤弟子为

佐，非楚之福也。"昭王乃止。——《史记·孔子世家》

　　楚昭王封地的事，《说苑·杂言》也有类似记载，但是，大多数学者对此事持怀疑态度，认为是史迁的虚构。如钱穆认为："鲁哀之六年，楚昭王在城父，救陈战吴，卒于军中，其事详载于《左传》，其时决不似有议封孔子之事。且议封，仅当计社数，不当云社地几百里。若计地，亦断无骤封以七百里之巨。"梁玉绳也认为楚昭王"方军旅之不暇，何暇修礼贤之事"。同时他提出："子西，楚之贤令尹也，楚国赖之亡而复存，其言岂容卑浅如是哉！"所以，他认为"子西未尝沮孔子，昭王未尝迎孔子欲封之，并未尝聘孔子"。因此，此段全部都是虚假的。崔述则也认为这是以讹传讹的臆断，全祖望也认为此段"皆情理之所必无者"。简言之，有以下几个质疑理由，下面逐一加以说明。

　　（1）关于"楚昭王没空论"。这种观点没有考虑到昭王和楚国当时的情况。楚昭王8岁继位，聘孔之时，年龄35岁，正年富力强之时，楚国经过昭王休养生息十年，正是兵强马壮、重新崛起之际，昭王宏图大志、好德明礼，求贤若渴，岂以军旅而怠贤？昭王先派人到蔡国聘之，再兴师到陈蔡之间迎之，昭王之诚意，可想而知。

　　（2）关于"七百社太多，昭王没有这么大方"论。其实昭王在战略资源的投资上，是极其大方的。如吴国掩余、烛庸两位公子投奔楚国，"楚子大封，而定其徙"（杜预注：大封，与土田，定其所徙之居），吴国叛臣沈尹戌投奔楚国，后来被任命为楚左司马，其子即孔子所见的叶公，任人不拒贤，给田给官，毫不吝啬。昭王要聘鼎鼎大名的孔子团队（包括子贡、子路等优秀弟子），七百书社算多吗？所谓书社，"书，籍也"（服虔），古代二十五家为一社，书写社人姓名于册籍，称为书社，借指一定数量的土地及附着在土地的人口。书社七百，即拥有 17500 户人口的土地。《左传》有载：鲁昭公流亡到齐国，齐景公打算以千社给鲁昭公（《左传·昭公二十五年》），《晏子春秋·内篇杂下》记载齐桓公以书社五百封管仲，《吕氏春秋·高义》记载越王欲以书社三百封墨子，《管子·小称》记载齐桓公所宠幸的公子开以齐国书社七百送给卫国，可见书社七百面积不算小，但是对于春秋时期第一面积最大国楚国来说，还是给得起的，封给孔子，还是物有所值。

（3）关于"子西不会沮之"论。子西是楚昭王的令尹，一贯主张"以德报怨"，但是孔子并不看好他，特别是在后来处理白公胜的问题上，几乎完全对立。《韩非子·说林下》记载："孔子谓弟子曰：'孰能导子西之钓名也？'子贡曰'赐也能。'乃导之，不复疑也。孔子曰：'宽哉，不被于利；洁哉，民性有恒。曲为曲，直为直。'孔子曰：'子西不免'白公之难，子西死焉。故曰：'直于行者曲于欲'"，昭王死后，子西坚持召回熊胜，终遭白公之乱。《论语·宪问》记载："或问子产。子曰：'惠人也。'问子西。曰：'彼哉！彼哉！'"孔子认为子西无足称道。子西既有沽名钓誉之嫌，或许不会沮之。但是不论子西是否沮之，其理由则是荒诞的。因为楚国的封地制度和鲁国不同，鲁国是世卿世禄制，卿大夫的封地代代相继，卿大夫在自己的封地之内犹如国君，享有充分的独立自主权和绝对支配权。而楚国的封地不同，封地并非独立的小王国，而是直接受中央控制的，封主对封地主要是经济权和管理权，封主犯错或失官以后，封田常被剥夺或改赐他人。所以，孔子的诸多优秀弟子，对于楚昭王来说，不是负资产，而是重要的资源，这可能也是昭王给孔子定价的一个重要考量因素。

综上所述，"楚昭王将以书社地七百里封孔子"，删除"地""里"二字，或为真事。而子西沮之，或为附会。那么，昭王为什么没有落实此事呢？原因或许有二：由于受到陈蔡大夫的阻挠，当孔子到达楚国的时候，已经是孟秋七月，依据《礼记·月令》，孟秋七月"以征不义，诘诛暴慢，以明好恶，顺彼远方"，所以昭王出兵讨伐吴国。此月还"毋以封诸侯，立大官，毋以割地，行大使，出大币"，所以不宜封赏孔子。此外，昭王的暴毙可能也是重要原因，7月16日，年仅35岁的昭王在军中病逝，从而终结了孔子得昭王而行道的梦想。

参考文献：

［1］（宋）黎靖德.朱子语类《朱子语类》（第八册）［M］.北京：中华书局，1986：2434.

［2］（宋）黎靖德.朱子语类《朱子语类》（第八册）［M］.北京：中华书局，1986：2435.

后语 缘起缘续

20世纪末的一天，我坐绿皮火车去上海，为了驱散旅途的无聊，我拿起一本《论语》看了起来，由此引起了一段车厢对话：

"什么年代了，你还看孔老二的书！"坐在我旁边的一位戴眼镜的大叔大惊小怪起来。

"为什么？"我大惑不解。

"孔老二搞文化专制，谁和他观点不同，他就杀谁！"眼镜大叔很鄙夷不屑。

"他瞧不起农民，不让学生学耕田种菜，说耕田种菜是小人。你说他坏不坏？"对面的一位穿蓝褂的大爷插话。

"是呀，他还瞧不起妇女，说妇女是小人，最难养啦！你说我们什么时候要人养啦？"大爷旁边的大娘很气愤地补充道。

"他是一个伪君子，弄出一堆礼要别人守，自己却不守。他是奴隶主的私生子，一辈子都想复辟奴隶制，他妈妈辛辛苦苦把他养大，妈妈刚死，他就跑到富人家赴宴，被人家赶走了。守孝不到三年，就迫不及待地结婚了，有这样的孝子吗？他还是一个财迷，办学要收很贵的学费；也是一个官迷，抛妻别子，周游列国，到处求官，可是处处碰壁，最后只好灰溜溜地跑回来。"眼镜大叔貌似很博学。

"听说他还好色，和一位风流艳后关系很暧昧。"后边一位穿牛仔的小哥笑得很诡秘。

"最要不得是他思想反动，他说什么父子犯罪要相互包庇，公然宣扬徇私枉法，说什么'生死有命''富贵在天'，要我们听天由命，不要反抗，说什么三纲五常，要我们无条件地服从皇帝。你说现在皇帝早推翻了，我们都法治社会了，你还看什么孔老二？"眼镜大叔用一种很怜悯的眼睛看着我，貌似看一个穿越者。

"好可怕，你们怎么知道这么多？"我很好奇地问。

"我听大人讲的，看网上说的。"小哥很坦诚。

"有一本连环画，叫《孔老二罪恶的一生》，上面写的可具体啦，这本连环画在我们小时候很流行，我们很多人都看过，对吧？"眼镜大叔用问询的眼睛看着蓝褂大爷，蓝褂大爷点点头。

"难道你不知道新文化运动吗？打倒孔家店呀！"小哥也不甘示弱。

"孔学名高实秕糠。"不知是谁吟诵一句。

我深感势单力薄，悄悄把书合上，闭目养神。

我回到家，看见钱穆所著《孔子传》上赫然写着："孔子为中国历史上第一大圣人。在孔子以前，中国历史文化当已有两千五百年以上之积累，而孔子集其大成。在孔子以后，中国历史文化又复有两千五百年以上之演进，而孔子开其新统。在此五千多年，中国历史进程之指示，中国文化理想之建立，具有最深影响最大贡献者，殆无人堪与孔子相比伦。"被胡适喻为辛亥革命第一大功臣的梁启超在 1920 年所撰写的《孔子》一文中，深情地写到："所以孔子的人格，无论在何时何地，都可以做人类的模范。"眼前似乎看见伏尔泰满脸肃穆地给孔子肖像行礼，耳边犹听 1988 年诺贝尔奖得主的焦虑呼喊："人类要生存下去，就必须回到 25 个世纪以前，去汲取孔子的智慧。"不禁再次打开《论语》。

同一个孔子，在人们的镜像之中，竟然天壤之别，究竟是为什么？究竟如何看孔子？

2013 年习近平总书记到曲阜孔府考察，2014 年习近平总书记参加孔子诞辰研讨会并发表重要讲话，指出孔子及其创立的儒家学说及儒家思想是中国传统文化的重要组成部分，它和其他思想文化一道，是中华民族生生不息、发展壮大的重要滋养，也蕴藏着解决当代人类面临的难题的重要启示，"从孔子到孙中山，我们都注意汲取其中积极的养分"。2017 年中央办公厅和国务院办公厅进一步印发了《关于实施中华优秀传统文化传承发展工程的意见》，要求"坚持创造性转化和创新性发展。坚持辩证唯物主义和历史唯物主义，秉持客观、科学、礼敬的态度，取其精华、去其糟粕，扬弃继承、转化创新，不复古泥古，不简单否定，不断赋予新的时代内涵和现代表达形式，不断补充、拓展、完善，使中华民族最基本的文化基因与当代文化相适应、与现代社会相协调"。指出"传承发展中华优秀传统文化是全体中华儿女的共同责任。坚持全党动手、全社会参与，把中华优秀传统文化传承发展的各项任务落实到农村、企业、社区、机关、学校等城乡基层"。

秉持客观、科学、礼敬的态度，回到原本，以事实为依据，以沟通为志趣，辩其真伪，辩其是非，在孔圣人和孔老二之间，架起桥梁，还原孔子及孔学原貌，这即是本书写作目的。

伟大的民族自有其伟大的儿女，作为后人，我们应该珍惜其贡献，呵护其荣誉，发扬其精神，光大其事业。郁达夫说：一个没有英雄的民族是可悲的民族，而一个拥有英雄却不知道爱戴他、拥护他的民族则更加可悲。2018 年十三届全国人大常委会第二次会议全票表决通过了《英雄烈士保护法》，保护那些为国献身的英雄们。同样，我们是否也应该以一个感恩的心，客观公正地看待对我们民族文化、对世界文明已经和仍会做出杰出贡献的思想家孔子呢？

今天我们有足够的文化自信来审视我们的孔子，审视我们的民族文化，审视它的真、它的善、它的美。重新认识孔子，就是继往开来，我们中华民族文化，重新评价孔子，就是继往开来我们民族精神。

最后，以梁启超先生的话作为结语："他发达的径路，很平易近人，无论什么人，都可以学步。所以孔子的人格，无论在何时何地，都可以做人类的模范。我们和他同国，做他后学，若不能受他这点精神的感化，真是自己辜负自己了。"（梁启超：《孔子与儒家哲学》前言，中华书局，2016 年）

出版一本关于孔子的专著，一直是我的心愿，感谢三秦出版社和人文在线的老师们帮助我得偿所愿，此外，有必要说明的是，本书的一些章节此前已经发表在《原道》《社会科学研究》等一些期刊之上，纳入本书时，有所修改，在此一并致谢！

"在我的一生中，一直受到孔子和孟子思想的深刻影响，可以说儒学思想滋养了我的人生，在我的内心打下了深深的烙印。目前，孔子的很多教诲仍在为我指引方向，无论是履行公务，还是处理个人私事，这些伟大的思想都使我受益匪浅、获益良多。"——潘基文

2010 年 11 月 1 日，潘基文出席在上海举行的文化讲坛上说："儒家的思想被认为是世界上最伟大的一种哲学思想。孔子的思想和孔子的《论语》影响了很多人，对于全世界的人都有很大的影响。我出生在韩国，儒家文化深深影响了韩国人的思想。当我还是小孩子的时候，我的爷爷、我的父母、我的老师们都教了我们很多儒家的文化，他们教我作为一个政府的公务员应该有什么样的行为，我非常自豪，我接受了很多多元文化的熏陶。"

1996 年 1 月 8 日，伦敦《金融时报》刊登文章《孔子规则：在今

后十年美国将保持在亚洲的经济领先，但它可能会从该地区学到更有价值的社会课程》，教训美国人应向亚洲学习。该文说："美国长期以来把自己看作是其他国家理所当然的模范。但是这个模范的角色现在遇到了挑战，这个挑战不是来自僵硬的欧洲，而是来自东亚。""美国如果鼓励美国人自愿地去采用一些孔子的教诲，其社会将会有莫大的受益。"

"孔子为中国历史上第一大圣人。在孔子以前，中国历史文化当已有两千五百年以上之积累，而孔子集其大成。在孔子以后，中国历史文化又复有两千五百年以上之演进，而孔子开其新统。在此五千多年，中国历史进程之指示，中国文化理想之建立，具有最深影响最大贡献者，殆无人堪与孔子相比伦"。——钱穆

没有伟大的人物出现的民族，是世界上最可怜的生物之群；有了伟大的人物，而不知拥护、爱戴、崇仰的国家，是没有希望的奴隶之邦。——郁达夫《怀鲁迅》

孔子者中国文化之中心也；无孔子则无中国文化。自孔子以前数千年之文化赖孔子以传，自孔子以后数千年之文化赖孔子而开。——柳诒徵《中国文化史》